朝鮮人強制労働の
歴史否定を問う

軍艦島・佐渡・追悼碑・徴用工

竹内康人

朝鮮人強制労働の歴史否定を問う　目次

はじめに　5

第1章　明治産業革命遺産・産業遺産情報センター　8

1　強制労働の歴史否定の動き　8
ユネスコの理念　朝鮮人強制連行・強制労働　韓国大法院の強制動員判決と日本政府の対応

2　「明治日本の産業革命遺産」の登録　13
官邸主導の世界遺産登録　強制労働の否定へ　すすむ現地での歴史の歪曲

3　端島炭鉱（軍艦島）　20
端島炭鉱での強制労働　産業遺産国民会議による強制労働否定　韓国側の問題

4　産業遺産情報センター　29
内閣府・産業遺産情報センターの設置　産業遺産情報センター展示の内容と問題点　産業遺産情報センター長の主張

5　ユネスコの「強い遺憾」　39
二〇二一年ユネスコによる視察と批判　ユネスコ批難を繰り返すセンター長

第2章　高島炭鉱（高島・端島）での強制労働　51

1　高島炭鉱・朝鮮人強制労働　51
史料を読む1　高島（高島・端島）への強制連行者数　史料を読む2　高島（高島・端島）での死亡状況　証言に学ぶ　強制連行・強制労働の実態　現地を歩く・フィールドワーク地図　歴史の歪曲・否定を問う

2　長崎の庭園・公園の追悼碑　65

第3章　佐渡鉱山での朝鮮人強制労働　70

1　佐渡鉱山・朝鮮人強制労働　70

「佐渡金山」はどのような鉱山ですか　朝鮮人はどれくらい強制動員されたのですか　動員された朝鮮人はどのように管理されたのですか　労務係の手記にはどのような記述がありますか　動員された朝鮮人は抵抗しましたか　佐渡から逃亡の事例はありますか　動員された朝鮮人の証言はありますか　相愛寮煙草台帳の朝鮮人名簿はどのようなものですか　強制労働否定論の特徴は何ですか　今後の課題をあげてください

2　朝鮮人強制動員・遺族調査　79

益山　申泰喆の遺族　論山　金文国の遺族　青陽　盧秉九の遺族　佐渡での強制動員被害者遺族の証言　「半島労務者名簿」の公開を

第4章　朝鮮人追悼碑・強制連行説明板　99

1　群馬の森・朝鮮人追悼碑の強制撤去　99

朝鮮人追悼碑の建立から撤去の経過は？　群馬県での朝鮮人強制労働の調査の経過は？　朝鮮人追悼碑に対する判決の問題点は？　ドイツの記念碑や記念館、その歴史への向きあい方と日本との違いは？　国際人道法、国際人権法の現在の地平とは？　強制連行の歴史否定論の内容は？　強制労働の歴史が否定され、世界遺産、観光地とされていますね？　今後の課題は？

2　天理・柳本飛行場の説明板　113

天理・柳本飛行場の建設と朝鮮人　新たに日韓共同説明板を設置

3　松代大本営・強制動員名簿と説明板　115

松代大本営・強制動員名簿の分析　長野県での朝鮮人の強制動員現場と朝鮮人の集団帰国　松代大本営犠牲者追悼・平和祈念のつどい

4　「日本の産業遺産と消える声　記憶・人権・連帯」　128
世界遺産と記憶・人権・連帯　日本の産業遺産と争点　日本の産業遺産と多様な声　日本の産業遺産の現在　展示「消えていく声　戦争と産業遺産・忘れられた犠牲者の話」

第5章　強制動員問題（徴用工訴訟）の解決へ　136

1　強制労働否定論の特徴　136
「朝鮮人強制連行はプロパンガンダ」　「朝鮮人戦時労働の自発性」　恣意的な史料解釈　日本統治合法論　朝鮮総督府「第八十五回帝国議会説明資料」を読む　金景錫の強制労働体験と闘い

2　強制動員問題の包括的解決へ　149
「徴用工」とは何ですか。　強制動員被害者はどのような活動をしたのですか。　韓国大法院での強制動員判決の特徴は何ですか。　近年の歴史否定論はどのようなものですか。　日本政府の「国際法違反」宣伝のどこが問題ですか。　韓国財団による「肩代わり」とはどのようなものですか。　韓国政府の解決策の問題点は何でしょうか。　解決策への韓国の批判の動きはどうでしょう。　問題解決にあたっての国際的指針がありますか。　強制動員問題解決の課題をあげてください。

3　韓国訴訟原告の家族・遺族の声を聞く　164

おわりに　168

主な参考文献　172

はじめに

この本は朝鮮人強制労働の歴史否定がすすむなかでの講演や論文をまとめ、関連する調査を加えて編集したものです。この歴史否定の動きは第二次安倍晋三政権のなかで顕著になりました。

一つめの否定は、明治産業革命遺産の世界遺産への登録とその後の展示のなかですすみました。この登録は首相案件としてすすめられたのですが、戦時の強制労働が問題になりました。日本政府は世界遺産の登録会議で「意思に反して連れて来られ、厳しい環境の下で働かされた」と発言しましたが、後に「働かされた」は強制労働ではないと説明しました。政府が開設した産業遺産情報センターは産業遺産国民会議による委託運営がなされ、端島炭鉱（軍艦島）を例に強制労働を否定する展示がなされています。佐渡鉱山については江戸期の金生産に限定して世界遺産への登録がすすめられ、そこで強制労働はなかったと喧伝する者がいます。

二つめは、二〇一八年の韓国大法院の強制動員判決への対応によるものです。判決では動員被害者が勝訴し、動員企業に対する慰謝料請求権が確定しました。これに対し安倍政権は日韓請求権協定違反として韓国政府に抗議し、経済制裁をおこないました。二〇二一年には安倍政権を継承した菅義偉内閣が閣議決定で強制連行・強制労働の用語を「適切ではない」とし、教科書からこれらの用語を消しました。閣議決定により学説を否定するに至ったのです。

三つめは、ヘイト集団が街頭で差別や迫害を公然とおこなうなかで強制労働の否定が喧伝されたことです。かれらは朝鮮人の追悼碑や説明板での植民地支配の反省や動員での強制性に関する表現を攻撃するようになりました。二〇一五年の安倍談話も日本による朝鮮の植民地支配についてはふれないものでした。このような政権の歴史観の下、各地の自治体は碑文や説明板での「強制」の文字を問題視するようになりました。群馬県は、追悼集会で「強制連行」の発言がなされたことを理由に政治的行事をおこなったとみなし、追悼碑の強制撤去にまで至りました。

つまり強制連行・強制労働の歴史認識が否定され、その謝罪と賠償が否定され、それに関する教育と追悼が否定されるという状態になっているのです。言い換えれば、強制動員被害者の権利と尊厳の回復はいまもなされず、その再発の防止もなされていないのです。戦時の人権侵害の救済は戦争を防止する活動でもあるのですが、それがなされないまま、ミサイルなどの軍備の増強、仮想敵の設定、敵地攻撃能力の拡大がなされています。

安倍政治は「歴史戦」の名で強制労働の歴史否定をすすめ、韓国大法院判決を無視するものでした。それだけでなく、「憲法改正」の主張、集団的自衛権「容認」の閣議決定と安保法の制定、沖縄の島々への自衛隊配備、辺野古での米軍基地建設、原発の再稼働、アンダーコントロールの嘘とオリンピックの招致、新自由主義による規制緩和と国家戦略特区の悪用、好景気の演出と非正規労働の拡大、教育の統制と軍事研究の導入、利権の政治とその私物化、日本会議・統一協会と結んでの右翼志向、官僚とメディアの人事の支配、被害者抜きの「慰安婦」合意など、問題が数多くありました。自民党安倍派は改憲を主導しましたが、かれらは裏金の違法性を隠蔽する利権集団であり、憲法や国際法を語り得る倫理など持ち合わせていないような人びとでした。

このような政治の下ですすんだ強制労働の歴史否定を克服しなければならないと考えます。

本書ではじめに、産業遺産での強制労働否定をめぐる動きについて明治産業革命遺産、産業遺産情報センター、高島・端島の炭鉱、佐渡鉱山を例にみます。続いて、朝鮮人追悼碑と説明板について群馬県の追悼碑、天理の柳本飛行場と松代大本営の説明板の順にみていきます。そして、韓国大法院での強制動員判決について、その慰謝料請求権の確定の意義とこの問題の解決方法を考えます。松代の強制動員名簿の分析、佐渡の強制動員被害者の遺族調査などについても記します。

文中、強制動員の内容や国際規範の解説で重複する箇所がありますが、説明上欠かせないものですので、ご了解願います。また、文中、敬称は略させていただきます。

（二〇二四年四月）

第1章　明治産業革命遺産・産業遺産情報センター

1　強制労働の歴史否定の動き

高麗博物館では企画展「明治日本の産業革命遺産と朝鮮人強制労働」をおこなっています（二〇二一年二月～七月）。この展示に寄せて「否定できない朝鮮人強制労働」の題で、ユネスコの理念、強制動員（徴用工）判決での日本政府の対応、明治産業革命遺産の登録をめぐる動き、端島炭鉱（軍艦島）での強制労働否定、産業遺産情報センター展示の問題点、ユネスコによる情報センターの展示批判の順に話していきたいと思います。

(1)　ユネスコの理念

はじめにユネスコ世界遺産の意義についてみておきます。一九四五年のユネスコ憲章前文には、「戦争は人の心の中で生まれるものですから、人の心の中に平和のとりでを築かなければなりません。平和は、政府間の取り決めではなく、人類の知的・精神的連帯の上に築かれなければなりません。」とあります。

このようなユネスコの平和と人権への知的・精神的な連帯をつくるという理念の下で一九七二年に世界遺産条約が採択されたわけです。それにより顕著な普遍的価値を有するとみられる遺産が世界遺産として認定されます。そこには人権と平和への人類の知的・精神的連帯を形成するという願いがあります。そのような連帯が戦争を止める力になるからです。

ですから奴隷貿易を示すゴレ島、大量虐殺を示すアウシュヴィッツ収容所や核実験場のビキニ環礁などの「負の世界遺産」（記憶の遺産）もあります。世界遺産とされている産業遺産でも「負の歴史」が記されています。たとえばドイツのフェルクリンゲン製鉄所では戦時、フランスやポーランド、ソ連などから人びとを連行し、過酷な労働を強いていたことをきちんと説明しています。

ボリビアのポトシ市街はスペインの植民地支配により銀鉱山で栄えた場所です。そこでの採掘は先住民族や黒人奴隷の強制労働によるものであり、労働での事故も多く、「人を食う山」といわれました。また、銀の欧州への流入は商工業の発展につながり、産業革命を導きました。ポトシの市街はスペインの植民地支配と開発、そこでの強制労働と事故、銀の欧州への流入と経済変革を示すものです。

ポトシ市街の例のように、産業遺産は資本と労働と国際関係の三点からみる必要があるのです。

ここでは日本における明治産業遺産の世界遺産登録、そこでの強制労働の歴史否定の動きをみていきますが、それにあたり、戦時の朝鮮人の強制動員の状況、二〇一八年の韓国大法院の徴用工判決への日本政府の対応をみておきます。

⑵　朝鮮人強制連行・強制労働

日本は一九三七年に中国への全面戦争をはじめました。それにより総力戦にむけ国家総動員体制が形成され、労務動員計画が立てられました。そこには朝鮮半島から日本へと朝鮮人を動員することも入れられていました。経済の国家統制を行い、労働者の権利を奪い、産業報国の名で決死増産を督励するという仕組みが作られていったのです。労務統制が強化され、労働が強制される社会になっていきました。朝鮮半島から労務動員された朝鮮人もその中に組み込まれていきます。

朝鮮人の労務動員は一九三九年から集団募集、四二年から官斡旋、四四年からは徴用の形でおこなわれました。政府は四四年には軍需会社を指定し、そこで働く人びとを軍需徴用しました。軍需会社へと募集や官斡旋で動員されていた朝鮮人はそこで徴用扱いにされます。労務動員計画による日本への動員数は約八〇万人です。

内務省警保局の特別高等警察（内鮮警察）の史料に「労務動員関係朝鮮人移住状況調」（一九四三年末現在）があり、そこに一九四三年末までに約四九万人の動員数が記されています。また「昭和十九年度新規移入朝鮮人労務者事業場別数調」（一九四四年度予定数）に二九万人を動員する予定とされています。実際に同数が動員されたことが他の史料からわかります。一九四五年度分では約一万人が動員されています。ですから、内務省警保局の特別高等警察（内鮮警察）の史料から朝鮮人約八〇万人が日本に労務動員されたということができるのです。これ以外に南洋やサハリンにも動員されています。

軍務動員による動員、軍人・軍属についてみれば、軍人は一九三八年から志願兵、四四年からは徴兵による朝鮮人の動員がなされました。また、軍の徴用や徴発により、軍要員、工員、軍夫など軍属としても動員されました。多くが軍工事の労務者としての動員です。軍務では三七万人以上が動員されています。さらに軍や事業所関係で「慰安婦」として動員された朝鮮人もいました。

このように強制動員された人びとは戦後、謝罪と賠償を求めて活動しました。韓国が民主化されると、

強制動員被害者の尊厳回復を求めるデモ　2019年8月15日、ソウル

一九八〇年代後半になってのことですが、日本社会にも被害者の証言が明らかにされるようになったのです。一九九〇年代に入ると強制動員の損害賠償を求めて日本政府や企業を相手に裁判が起こされました。しかし日本政府相手の訴訟は原告が敗訴し、企業との裁判では和解したものもありましたが、多くが敗訴しました。日本政府や企業は不知、時効・除斥、国家無答責、別会社などの理屈で責任逃れを図り、すでに日韓請求権協定で解決済みと居直ったのです。

(3)　韓国大法院の強制動員判決と日本政府の対応

これに対し、いくつかの被害者グループは韓国の裁判所で日本の企業を相手に裁判を起こしました。また韓国内では過去清算の動きが強まり、韓国政府傘下に日帝強占下強制動員被害真相糾明委員会が設立されるなど、強制動員の真相究明の動きがすすみました。

この韓国での訴訟の大法院（最高裁）判決が、二〇一八年一〇月に日本製鉄、一一月に三菱重工業（名古屋、広島）に下されたのです。判決では原告が勝訴しました。それは企業に対する強制動員慰謝料請求権を確定するものでした。判決では、一九六五年の日韓請求権協定は民事的な債権債務関係を解決するものであり、反人道的不法行為に対する請求権はこの協定の適用対象外とみなしました。この判決は、強制動員企業の法的責任を明示するものであり、六五年協定では強制動員の損害賠償は未解決としたのです。それは戦争被害者の尊厳を回復し、その正義を実現するものでした。

これに対し、二〇一八年一一月、当時の安倍晋三首相は国会で、「旧朝鮮半島出身労働者」の問題については、日韓請求権協定によって、完全かつ最終的に解決しており、国際法に照らせば、ありえない判断である。あらゆる選択肢を視野に入れて毅然として対応すると発言しました。そして、日本政府は、日本を韓国による国際法違反の被害者のように宣伝しました。ここでの国際法違反とは日韓請求権協定違反のことです。

日本政府は強制動員被害の認定・救済を不法・不当とし、韓国を屈服対象とみなしました。そして経済報復をおこないました。韓国側の基金設立による問題解決の提案を拒否し、二〇一九年六月末に輸出規制を発動したわけです。それは植民地主義の継続を示すものでした。

さらに安倍政権を継承した菅義偉内閣は二〇二一年四月に強制連行や強制労働の用語は適切ではないと閣議決定し、教科書からそれらの用語を排除しました。

(4) 植民地主義の克服

ではこの問題はどう解決すべきでしょうか。日韓両政府とも、日韓請求権協定で個人請求権は消滅していないとみています。日本政府は個人の請求権は消滅していないが、日韓請求権協定により解決しており、裁判で行使できないとします。しかし裁判をする権利を奪うことはできません。国際人権法をふまえ、被害者の尊厳回復の視点を持つことが重要です。

日本政府は韓国の大法院判決への批判を止めるべきです。日本政府は植民地支配の不法性を認め、その下での強制動員（強制連行、強制労働）の事実を認め、この問題が六五年の請求権協定で未解決であることを認めるべきです。まずは歴史教科書に強制連行や強制労働の事実を記すべきです。また、企業と原告との協議を妨害するのではなく、協議をすすめるよう仲介すべきです。そして日本企業は協議をふまえて被害者賠償に応じ、和解をすすめればいいのです。被害者は他にも存在しますから、強制動員問題の包括的解決に向けて日韓共同で財団・賠償基金を設立することも必要だと思います。それが過去の清算、植民地主義の克服につながるでしょう。

ところが強制動員自体を否定する動きが近年目立つようになりました。韓国では「ニューライト」と呼ばれる人びとが「反日種族主義」の名を付けて戦時の強制労働を否定する動きを示しています。日本では明治産業革命遺産に関連して端島炭鉱などでの強制労働の歴史否定の動きがあります。明治産業遺産に関連して設立された産業遺産情報センターの展示ではそれが顕著です。つぎにこの問題をみてみましょう。

2　「明治日本の産業革命遺産」の登録

(1)　官邸主導の世界遺産登録

この明治産業革命遺産の世界遺産登録は安倍政権によって官邸主導で推進されたことに特徴があります。この産業遺産の物語には明治を賛美する歴史観が反映されています。

この産業遺産の世界遺産登録をすすめてきたのは加藤康子《こうこ》という人物です。かの女の父は農林水産大臣などを務めた加藤六月《むつき》です。安倍家と加藤家は仲が良く、安倍晋三は加藤康子の活動に理解を示し、二〇一二年一二月末に第二次安倍政権が成立すると官邸主導で世界遺産登録をすすめました。

当初、この産業遺産は二〇〇六年、「九州・山口の近代化産業遺産群」の名で世界遺産暫定一覧表への登録をめざしました。二〇〇八年一〇月に、この遺産の世界遺産登録推進協議会が設立され、加藤がコーディネーターとなります。同年一二月には、世界遺産暫定一覧表への記載が承認されました。二〇一二年五月には、内閣官房の地域活性化統合事務局に「産業遺産の世界遺産登録推進室」が置かれました。同年六月、この推進室に「稼働資産を含む産業遺産に関する有識者会議」が置かれ、加藤もその委員となりました。

二〇一二年末、第二次安倍内閣が成立すると登録の動きが加速します。二〇一三年一月に、内閣官房の地域活性化統合事務局長であった和泉洋人が首相補佐官となり、遺産登録についても推進していきます。同年三月には、内閣官房にあった「有識者会議」に産業プロジェクトチームが置かれ、加藤はこのチームのコーディネーターになりました。

この動きの中で産業遺産の名称が、二〇一三年四月に、「日本の近代化産業遺産群　九州・山口及び関連地域」となり、さらに同年八月、有識者会議は、「明治日本の産業革命遺産　九州・山口と関連地域」の名で世界遺産登録の推薦候補としました。当時、文化庁は「長崎の教会群とキリスト教関連遺跡」を世界遺産の候補としていましたが、同年九月一七日、菅義偉官房長官は「明治日本の産業革命遺産」を推薦候補とするように調整しました。政府は世界遺産の推薦候補に産業遺産を割り込ませ、「長崎の教会群とキリスト教関連遺跡」を後回しにしたのです。文化庁の遺産選定に介入して、「首相案件」とされた明治産業革命遺産の登録を優先したわけです。名称は、「近代日本」から「明治日本」へと変更され、明治賛美の色彩が強まりました。

この中で、加藤康子は二〇一三年九月に民間で推進活動を担う一般財団法人産業遺産国民会議を設立し、専務理事となりました。同年一二月、民間企業所有の稼働資産を含む景観重要構造物が世界遺産に登録された場合での固定資産税等の減免措置を含む税制改正大綱が閣議決定されました。稼働資産が世界遺産となった場合には固定資産税を減免する、つまり、稼働資産をもつ日本製鉄や三菱重工業が減税措置を得られるようにするという優遇措置をとったのです。

二〇一四年一月、安倍内閣は「明治日本の産業革命遺産」の登録推進を閣議了承し、政府はユネスコ世界遺産委員会に正式な推薦書を提出しました。この動きのなかで同年四月、元ユネスコ大使（二〇一〇～一三）の木曽功が内閣官房参与に任命されました。さらにユネスコ世界遺産委員会の直前の二〇一五年七月、加藤も内閣官房参与となりました（～二〇一九年七月末）。加藤も政府の一員として和泉洋人、木曽功らと登録にむけて活動したわけです。日本政府は登録にむけて世界遺産委員会の委員国を訪問し、登録への賛同を呼びかけました。二〇一五年七月の世界遺産登録の会議には、佐藤地《くに》ユネスコ日本大使とともに加藤、和泉、木曽が出席しました。

このような経過で「明治日本の産業革命遺産　製鉄・鉄鋼、造船、石炭産業」の名での世界遺産登録がなされたのです。安倍政権での国政の私物化と官邸官僚の暗躍については前川喜平の指摘（『権力は腐敗する』）があります。

⑵　強制労働の否定へ

ここで、明治産業革命遺産関連事業所での戦時の強制労働者数をみておきましょう。

日本製鉄八幡製鉄所関連では、八幡製鉄所に朝鮮人約四〇〇〇人、連合軍捕虜約一四〇〇人、八幡港運に朝鮮人約四〇〇〇人、中国人約二〇〇人、八幡製鉄所の出張所だった二瀬炭鉱に朝鮮人約四〇〇〇人、中国人約八〇〇人、連合軍捕虜約六〇〇人が動員されています。日本製鉄関連では釜石の鉱山や製鉄所にも朝鮮人、中国人、連合軍捕虜が動員されました。

三菱重工業長崎造船所には、朝鮮人約六〇〇〇人、連合軍捕虜約五〇〇人が動員されました。

三菱高島炭鉱（高島と端島）には、朝鮮人約四〇〇〇人、中国人約四〇〇人が動員されました。

三井三池炭鉱には、朝鮮人約九二〇〇人、中国人約二五〇〇人、連合軍捕虜約一九〇〇人が動員されてい

推薦書ダイジェスト版の旧版と新版。「テクノロジーは日本の魂」を「産業日本の勃興」に書き換え。

ます。三井三池での中国人、連合軍捕虜の動員数は他の事業所と比べ、最大です。

このように、これらの工場や炭鉱には、朝鮮人三万人以上、中国人四〇〇〇人以上、連合軍捕虜五〇〇〇人以上が動員されているのです（『明治日本の産業革命遺産・強制労働Q＆A』）。

ところが明治産業革命遺産ではこの問題に触れません。加藤たちが作り上げた「明治日本の産業革命遺産」の物語は幕末の一八五〇年代から一九一〇年で終わるのです。西洋科学に挑んだ「侍《さむらい》」たちが、産業化をすすめ、植民地にならずに、地政学上における日本の地位を世界の舞台に確保した。そこに顕著な普遍的価値があるとみなすのです。起点としては萩の城下町が置かれ、吉田松陰が産業日本の志を育てた人物とされます。明治が賛美され、朝鮮の植民地支配にはふれません。

それは、「サムライ日本」による産業化への試みの物語であり、「テクノロジーは日本の魂」と賛美する内容です。資本や技術の視点だけが重視され、労働者の視点、戦争や強制労働などの国際的な視点はみられません。歴史全体を示すという姿勢に欠けます。

これを推進する側の人びとの主張のなかには、朝鮮に対する日本の統治は正当であり、その下で行われた動員は合法で正当である。日韓請求権協定で韓国の独立に「祝い金」を渡し、請求権問題は処理されて解決済みである。過去の強制労働の問題で韓国の司法は日本の企業に賠償を命じたが、国際法に反する判決であり、日本は被害者である。韓国は世界遺産登録にあたり、強制労働の問題で妨害する悪い国である。このような認識がうかがえます。

それはユネスコ理念の人権と平和、人類の普遍的価値の形成にはそぐわない認識です。

この明治産業革命遺産の世界遺産登録に関しては、当然、戦時の強制労働の存在が問題とされました。産業革命を支えた高島、端島、三池などの炭鉱、八幡製鉄所や長崎造船所等の工場は戦争と共に拡張されました。日本によるアジア太平洋地域での侵略戦争の拡大により、朝鮮人、中国人、連合軍捕虜が連行され、労働を強制された場所もあったのです。

この批判に対して、日本政府は二〇一五年七月五日の登録の際に、「日本は、一九四〇年代にいくつかのサイトにおいて、その意思に反して連れて来られ（brought against their will）、厳しい環境の下で働かされた（forced to work under harsh condition）多くの朝鮮半島出身者等がいたこと、また、第二次世界大戦中に日本政府としても徴用政策を実施していたことについて理解できるような措置を講じる所存である」（日本政府訳）とし、さらにこの登録に際し、「日本はインフォメーションセンターの設置など、犠牲者を記憶にとどめるために適切な措置を説明戦略に盛り込む所存である」と発言したのです。

その後、日本政府は「forced to work」は「働かされた」であり、「強制労働の意ではない」、「戦時の朝鮮半島出身者の徴用は、国際法上の強制労働にあたらない」としました。日本政府は朝鮮半島出身者が意に反して徴用されたこともあったが、違法な強制労働ではなかったという認識を示したのです。

二〇一七年に日本政府が世界遺産委員会に提出した「保全状況報告書」では、二〇一五年の「意思に反して動員され、強制的に働かせた」という表現が「日本の産業を支えた朝鮮半島出身の労働者」という表現に変わりました。「情報センター設置など犠牲者を記憶にとどめるための適切な措置」は「産業遺産保存のための普及、啓蒙に貢献するシンクタンクとして東京に情報センターを設置する計画」となり、「犠牲者を記憶するのではなく、普及・啓蒙のためのセンターへと変えられていきました。

このように日本政府は戦時の強制労働の否定だけでなく、犠牲者の記憶をも否定する動きを示しました。

三池炭鉱・三池

(3) すすむ現地での歴史の歪曲

明治産業革命遺産を構成する現場では、遺産登録に合わせて歴史の歪曲がすすみました。

明治産業革命遺産の現地の英語の解説板をみると、「成功した産業化は五〇年ほどで植民地化なし（without colonization）でなされた」と記されています。これは、植民地にならなかったという意味にも、植民地を作らなかったという意味にもとれます。明治産業革命遺産の英語での説明では、日本は植民地化なしで産業化を遂げたとされるのです。日本語での該当箇所の説明は「国家の質を変えた半世紀の産業化を証言している」です。このように日本語と英語ではその説明が異なっているのです。

日本は日ロ戦争によって朝鮮を「保護国」とし、さらに「併合」の名で占領し、植民地としますが、ここでは、その認識は排除されています。そこには明治を賛美し、日ロ戦争を正当化する歴史観が反映されています。

萩の城下町と松下村塾も明治産業革命遺産に組み込まれていますが、山口の萩博物館の『明治日本の産業革命遺産と萩』（世界遺産企画展冊子）をみると、萩の城下町は工業化に取り組んだ封建社会の特徴を濃密に現代に伝えるものであり、吉田松陰は「工学教育の先駆者」とされます。松下村塾は産業国家の礎を担う志を育んだ場所とされます。明治産業革命遺産とされることで、吉田松陰と松下村塾は産業化の基礎を築いたものと合理化されるのです。

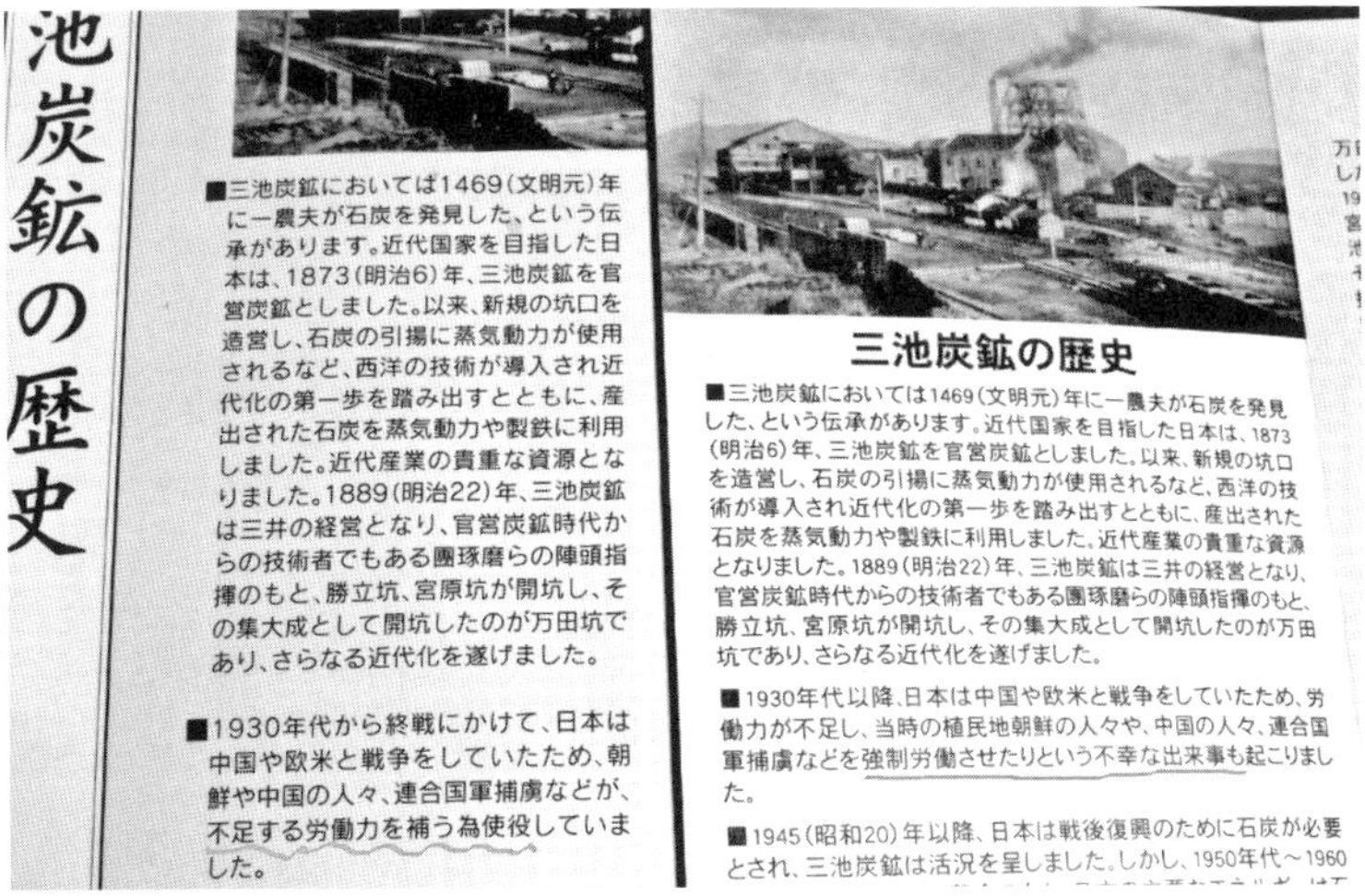
池炭鉱の歴史
■三池炭鉱においては1469(文明元)年に一農夫が石炭を発見した、という伝承があります。近代国家を目指した日本は、1873(明治6)年、三池炭鉱を官営炭鉱としました。以来、新規の坑口を造営し、石炭の引揚に蒸気動力が使用されるなど、西洋の技術が導入され近代化の第一歩を踏み出すとともに、産出された石炭を蒸気動力や製鉄に利用しました。近代産業の貴重な資源となりました。1889(明治22)年、三池炭鉱は三井の経営となり、官営炭鉱時代からの技術者でもある團琢磨らの陣頭指揮のもと、勝立坑、宮原坑が開坑し、その集大成として開坑したのが万田坑であり、さらなる近代化を遂げました。
■1930年代から終戦にかけて、日本は中国や欧米と戦争をしていたため、朝鮮や中国の人々、連合国軍捕虜などが、不足する労働力を補う為使役していました。
三池炭鉱の歴史
■三池炭鉱においては1469(文明元)年に一農夫が石炭を発見した、という伝承があります。近代国家を目指した日本は、1873(明治6)年、三池炭鉱を官営炭鉱としました。以来、新規の坑口を造営し、石炭の引揚に蒸気動力が使用されるなど、西洋の技術が導入され近代化の第一歩を踏み出すとともに、産出された石炭を蒸気動力や製鉄に利用しました。近代産業の貴重な資源となりました。1889(明治22)年、三池炭鉱は三井の経営となり、官営炭鉱時代からの技術者でもある團琢磨らの陣頭指揮のもと、勝立坑、宮原坑が開坑し、その集大成として開坑したのが万田坑であり、さらなる近代化を遂げました。
■1930年代以降、日本は中国や欧米と戦争をしていたため、労働力が不足し、当時の植民地朝鮮の人々や、中国の人々、連合国軍捕虜などを強制労働させたりという不幸な出来事も起こりました。
■1945(昭和20)年以降、日本は戦後復興のために石炭が必要とされ、三池炭鉱は活況を呈しました。しかし、1950年代～1960

三池での解説、「強制労働」の用語を「使役」に変更

長崎のグラバー邸も明治産業革命遺産の一部とされました。その解説板には次のように記されています。グラバーは「幕末の動乱期に対立する双方の派閥に武器等の取引をしていた」ために、「死の商人」といわれたが、「幕末の志士たちに私財を投じてまで援助を行なっていたことから「志の商人」とすべきではないかとも言われています」。このように、死の商人から志の商人へと美化する動きもみられます。

現在は三菱重工業長崎造船所の史料館として利用されている長崎造船所の木型場も明治産業遺産に組み込まれました。その展示からは、戦前には、水雷艇白鷹、駆逐艦白露、巡洋戦艦霧島、戦艦日向、戦艦土佐、巡洋艦古鷹、戦艦武蔵、空母隼鷹《じゅんよう》、空母天城などが建造され、貨客船の軍艦への転用もおこなわれたことがわかります。魚雷も生産されました。九一式魚雷（航空魚雷）が展示され、その説明には、「唯一高速力・高高度からの投下に対応した強度・信頼性を有し、命中率及び破壊力ともに世界に冠たる性能を有していた」と記され、真珠湾攻撃でも使用されたことがわかります。戦後に製造された軍用艦、イージス艦の写真なども展示されています。しかし、戦前・戦中・戦後と続いている三菱の兵器生産を批判する視点はありません。学徒動員については示されていますが、戦時の朝鮮人・連合軍捕虜などの強制労働に関する展示はありません。

三池炭鉱万田坑（熊本県荒尾市）の産業革命遺産の案内書にも変化がみられます。当初は、戦時に朝鮮人、中国人、連合軍捕虜の「強制労働」があったと

記されていたのですが、別の案内冊子をみると、強制労働の部分だけが「使役」と書き換えられています。戦時の三池での朝鮮人、中国人、連合軍捕虜の強制労働の歴史が「使役」の歴史へと歪曲されています。産業遺構の解説では、産業化の技術が礼賛されていますが、労働者の歴史は示されていません。

高島の石炭資料館は高島炭鉱の世界遺産登録の動きのなかで展示替えがおこなわれました。高島炭鉱労働組合の組合旗や資料などは姿を消しました。館内には高島炭鉱の歴史年表が展示されています。その年表を見ると、一九三七年の項に「満州事変後、黒ダイヤ景気となる」と記されていますが、一九四〇年から四五年の歴史の説明はなく、朝鮮人や中国人の連行についても記されていません（二〇一九年調査、その後展示替え）。

高島の共同墓地には三菱高島炭坑が建てた「供養塔」がありますが、長崎市はこの塔に向かう道を立入禁止としました。強制労働の歴史は明示されず、犠牲者の存在が示されないのです。

端島では、戦時に朝鮮人、中国人の強制労働がなされました。しかし、産業遺産国民会議は「軍艦島は地獄島ではありません」と喧伝し、国民会議に委託された産業遺産情報センターの展示は、端島を事例に強制労働を否定するものとなったわけです。この端島での強制労働の歴史否定の動きをつぎにみてみましょう。

3　端島炭鉱（軍艦島）

(1)　端島炭鉱での強制労働

①納屋制度による労務支配

端島炭鉱は三菱によって高島炭鉱の支坑として開発されました。端島炭鉱でも高島のように納屋制度による暴力的な労務支配がありました。圧制のなか、明治期の一八九四年に労働者が食事の改善を求めて罷業し、納屋などを破壊する事件が起き、一九〇八年には派出所と炭鉱事務所などを襲撃する事件が起きています。

一九〇七年頃の端島の状況は、坑夫募集人が一人につき三円の手数料を得て炭鉱を楽園のように吹聴し、欺瞞して募集する。坑夫は故郷を忘れがたく、募集人に欺かれたことを悔いている。会社は「淫売店」を開業させ、さらに賭博を奨励する。坑夫はこの陥穽におちいり、前借金によって自由を縛られているというものでした（「三菱端島労働状況」）。

明治期、端島では欺瞞による募集と前借金による束縛がなされ、暴力的な労務管理によって労働が強制されていたのです。その後、直接雇用がすすみますが、納屋は下請けに組み込まれて存続し、暴力的な管理も残りました。

②戦時増産での労働の強制

戦時には増産態勢がとられ、軍需徴用がなされ、強制労働が強まりました。社史の「高島炭礦史」には、戦時には、二五歳以上の女子や一六歳未満の年少者の坑内就業が認められるなど「鉱夫労役扶助規則」が骨抜きにされ、戦争末期には、決戦必勝石炭増産運動総突撃、皇国護持全山特攻運動、肉弾特攻必勝増産運動が実施されたことが記されています。

戦時、高島炭鉱では、これまで制限されてきた女性や少年の坑内労働が行われるようになり、産業報国の名で労働者の権利は奪われ、職場の軍隊化がすすめられました。労働者は「肉弾特攻」の名で生命を賭けて石炭を掘るようにと労働を強制されたのです。

端島は三菱の所有地であり、遊郭も置かれ、朝鮮半島出身の女性も連れてこられました。それは三菱の

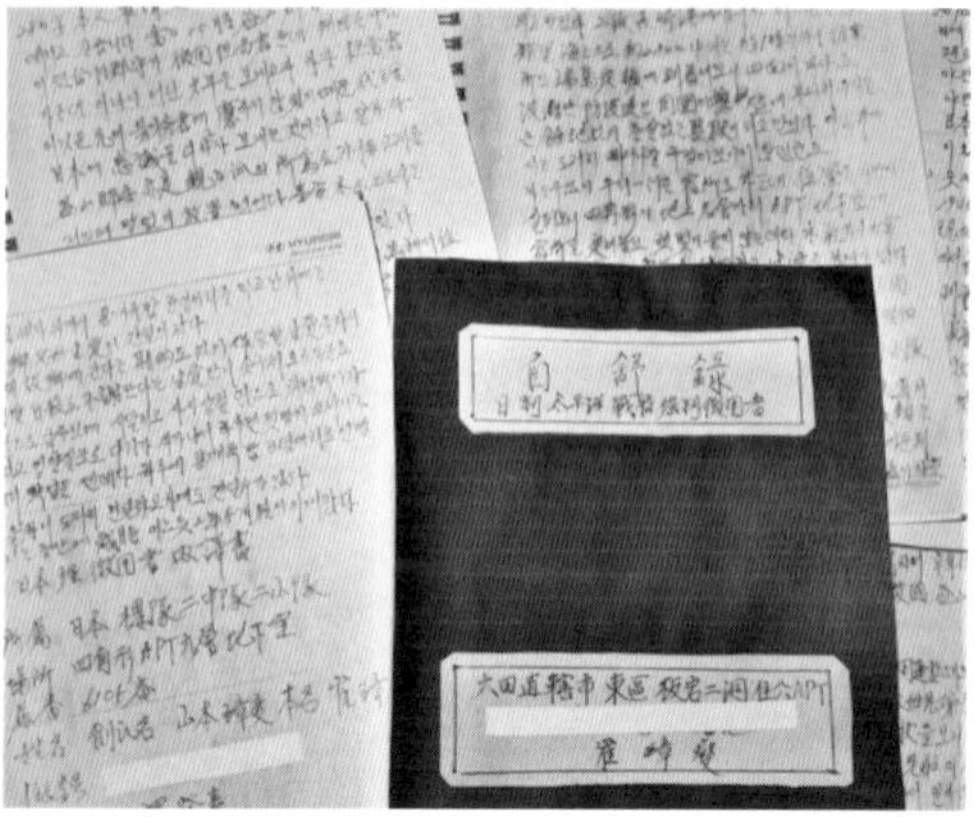

崔璋燮の「自叙録」、「鉄格子のない監獄生活の身の上」と描写。

労務管理の一環でした。三菱鉱業は一九四四年四月に軍需会社に指定され、端島で働く人々も軍需徴用されました。そのなかで三菱の労務は端島の労働者や住民の監視をいっそう強めていたのです。

③朝鮮人の強制動員と未払金

高島炭鉱には一九三九年から四五年にかけて四〇〇〇人ほどの朝鮮人が連行されました。動員された朝鮮人は高島と端島に振り分けられ、端島には一〇〇〇人以上が動員されたとみられます。

端島に動員された朝鮮人のひとり、崔璋燮《チェジャンソプ》は「自叙録」を記しています。そこで、「鉄格子のない監獄生活の身の上になった」、「飢えに苦しんで、常に汗まみれで、栄養失調で足がつって、一日に何人も倒れての作業だった」、「(逃亡して捕まった者には)酷い拷問、さらにゴム革で作った紐に肉片がつくほどの苦痛を受けた」と記しています。

また高島炭鉱(高島・端島)には中国人約四〇〇人が強制連行され、労働を強いられています。そこで死亡した者もいるのです。

戦後の一九四六年、日本政府・厚生省は未払金に関する調査をおこないました。その調査で高島炭鉱(高島・端島)に動員された朝鮮人一二九九人分の名簿が作成されています。それをみると一人一〇〇円ほどの未払金があり、なかには五〇〇円ほどの未払金がある者もいます。その未払金の合計は当時の金額で二二万円ほどです。現在の価値で数億円規模の朝鮮人の未払金があったのです。

戦前、戦中と高島炭鉱(高島・端島)には、労働を強いられた人びとがいました。動員された人びとにとって、海に囲まれた端島は監獄島、地獄島でした。強制動員期の一九三九年から四五年にかけての端島炭鉱での朝鮮人労働者の埋火葬記録からは埋没や打撲、骨折による死亡状況がわかります。

(2) 産業遺産国民会議による強制労働否定

①強制労働否定の映像制作

ところが、産業遺産国民会議はこの強制労働を否定しはじめたのです。

産業遺産国民会議はウェブサイトのなかに「軍艦島の真実」というサイトを立ち上げました。そこで元端島住民の証言映像などをあげ、「世界遺産・軍艦島は地獄島ではありません」とし、強制労働の存在を否定するようになったのです。加藤康子がこれらの映像制作を主導してきました。そこでは元端島住民の発言から、日本人と朝鮮人は一緒に働いた、景気がよく家族連れで来ていた、みんな友達で差別したことはないなどと宣伝しています。また、戦時中に強制連行され、ひどい虐待を受け、人権を蹂躙されたと主張する人々がいるが、その多くは事実と異なる証言や証拠によるものであり、強制連行や虐待はねつ造である。「軍艦島は私たちの故郷です。地獄島ではありません」、「ねじ曲げられた歴史の宣伝に私たちが屈することはありません」というのです。

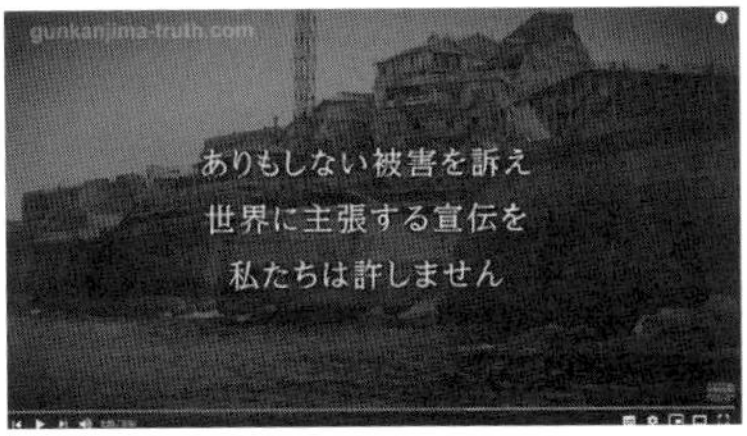
gunkanjima-truth.com
ありもしない被害を訴え
世界に主張する宣伝を
私たちは許しません

産業遺産国民会議ウェブサイト、端島での強制労働を否定

このような産業遺産国民会議の映像には問題があります。強制労働を否定する意図の下、証言が恣意的に編集されています。元端島住民の不十分な認識については訂正されないままです。かつては、端島にも納屋制度があり、戦時には朝鮮人や中国人の強制労働がおこなわれました。そのような制度の下での圧制や虐待、動員状況などを示す史料は提示されません。強制動員された人びとの証言につ

いては細かな点を批判しますが、その証言の全体は示されません。戦時の強制連行や強制労働を認めようとしない映像なのです。

映像では、端島での家族的一体感が語られますが、労資関係は示されません。また、戦時の産業報国・労務動員などの労務支配を批判する視点がありません。歴史を批判的にみて、被害者の側に立って考える、歴史から人権と平和の教訓をえるという姿勢がないのです。世界遺産登録による観光地化と元端島住民の郷愁をもとに、自らに都合のいい歴史の物語を作りあげようとしています。

②加藤康子への権限集中

世界遺産登録を見据え、二〇一四年、内閣官房に「明治日本の産業革命遺産の保全委員会」が置かれ、その保全委員会の下にインタープリテーションワーキンググループが置かれました。インタープリテーションとは遺産の意味をわかりやすく伝えるということですが、保全委員会の規約には「委員会に副会長を置き、加藤康子委員がこれを務める」（第三条の六）と明記されています。そのワーキンググループ設置要綱には、「ワーキンググループに座長を置き、加藤康子委員がこれを務める」（第二条の二）と明記されています。加藤の名前が規約や要綱に当初から明記されているのです。

また保全委員会の規約には「インタープリテーションの推進等について、一般財団法人産業遺産国民会議の助言を受ける」（第三条の八）とあり、インタープリテーションワーキンググループの要綱にも同様に「インタープリテーションの推進について、一般財団法人産業遺産国民会議の助言を受ける」（設置要綱第二条の六）と記載されています。

規約や設置要綱では、通常、会長・副会長を置くなどと記されますが、ここには加藤の名が記されていま

インタープリテーションワーキンググループ設置要綱

インタープリテーションワーキンググループ設置要綱

（設置）

第１条　「明治日本の産業革命遺産」保全委員会規約第６条に基づき、観光圧力への対応や理解増進活動を含め、遺産群全体の保全に係る実施計画策定等を目的として、保全委員会の下に、インタープリテーションワーキンググループ（以下「ワーキンググループ」という。）を置く。

（組織）

第２条　ワーキンググループは、内閣官房が事務局となり、関係省庁及び地方公共団体の関連部局、民間の関係団体等により組織する。

２　ワーキンググループに座長を置き、加藤康子委員がこれを務める。

３　ワーキンググループの委員は、別表１に掲げる所属のうち座長が指名した職にある者とする。

４　座長はワーキンググループを総括する。

５　座長に事故があるときは、内閣官房産業遺産の世界遺産登録推進室参事官がその職務を代理する。

６　ワーキンググループは、インタープリテーションの推進について、一般財団法人産業遺産国民会議の助言を受ける。

す。また、規約などでは、特定の団体名は記さずに専門組織の助言を受けるなどと記されますが、「産業遺産国民会議の助言を受ける」と記され、助言団体が指名されているのです。

加藤は、「稼働資産を含む産業遺産に関する有識者会議」（二〇一二）の委員、産業遺産国民会議（二〇一三）の専務理事、「保全委員会」副会長（二〇一四）、その下のインタープリテーションワーキンググループの座長（二〇一四）、そして内閣官房参与（二〇一五）となっています。安倍政権の庇護の下で、明治産業革命遺産に関する権限が加藤に集中し、インタープリテーションを私物化できる立場を得たのです。

このように加藤へと権限が集中され、日本政府から産業遺産国民会議へと明治産業革命遺産の調査・研究・運営が委託される仕組みができました。

内閣官房から産業遺産国民会議への明治産業遺産の調査委託の状態をみてみましょう。

二〇一六年度の「明治日本の産業革命遺産」産業労働に係る調査」で八九六四万円、二〇一七年度の同じ調査で一億四五八〇万円、二〇一八年度の「「明治日本の産業革命遺産」インタープリテーション更新に係る調査研究」で一億二五〇八万四五二〇円、二〇一九年度の「「明治日本の産業革命遺産」各サイトの歴史全体におけるインタープリテーションに係る調査研究」で一億三二九九万円を得ています。四回の調査で五億円近くを得ていま

一次資料の資料収集の一環として、構成資産を取り巻く当時の様子を直接経験している人物への聞き取り調査を行った。本調査においては、「明治日本の産業革命遺産」の構成資産のひとつである福岡県の三池炭鉱等における産業労働等に係る情報収集を目的として、当時三池炭鉱で勤務されていた[redacted]氏より、以下の通り証言の収集を行った。

[redacted]にお話を伺いました。

（2018年10、11月収録）

[redacted]氏プロフィール

[redacted]年度、[redacted]の定期採用で入社。[redacted]を歴任
[redacted]として転勤
[redacted]
その上に[redacted]が建設される。
法律で[redacted]を請負い、[redacted]より
[redacted]一身上の都合で辞退。
これを機に退社。

――[redacted]のご経歴を伺います。

[redacted]：[redacted]年に定期採用で三井鉱山に入りました。一年間実習後、[redacted]年4月1日に社会人の第一歩を踏み出しました。それが中国の捕虜の管理と、トンネル掘進、坑道掘進というのを命じらました。それが[redacted]の4月1日。

2018年度「インタープリテーション更新調査研究」での青谷昭二聞き取り記事、朝鮮人強制連行を否定。情報公開では黒塗り。

す。二〇二〇年度は「産業遺産情報センターの運営開始に向けた調査研究」で一二一〇万円、「産業遺産情報センターにおける普及啓発広報等委託業務」で四億三〇一〇万円を得ています。この五年間で九億三五七一万四五二〇円となります。

このように五年間で産業労働やインタープリテーションの調査、委託業務などで九億円を超える委託を受けたのです。情報開示では、報告書での人名などは黒塗りですが、その内容から強制労働を否定する研究や証言が収集されていることがわかります。このような調査の継続によって、産業遺産国民会議が情報センターの展示を委託され、センターの運営も国民会議に委託されるようになったのです。センター長には加藤康子がなり、その展示内容は強制労働を否定するものになりました。

③「端島も恐らく地獄島や」

ここで、二〇一八年の「「明治日本の産業革命遺産」インタープリテーション更新に係る調査研究」についてみておきます。この調査の後半は、戦時に三池炭鉱の四山坑で連行中国人を管理した日本人（青谷昭二、開示では氏名は黒塗り）の聞き取り記録です。この聞き取りによって、朝鮮人は「集団就職」（二二七頁）、朝鮮人差別は「ない」（二三五頁）といった言葉を引き出しています。けれども、証言者は、熱いため褌《ふんどし》一丁で仕事をした（二六七頁）、坑内のことは思い出したくない、つらいわけ（二七五頁）と語り、

高島炭鉱の労働者（『写真週報』1941年7月23日、内閣情報局所収）

上、常磐炭鉱鹿島坑の労働者1945年12月18日、米軍撮影。下、三池炭鉱の労働者（日本軍政下の連合軍捕虜研究センターのウェブサイトから）

端島は坑内環境が比較的良いという元端島住民の証言に対しては、「よかない」、四山は「地獄島」、「端島も四山もいっちょん変わらん」（二七四頁）、「端島も恐らく地獄島や」（二七五頁）と話しています。

産業遺産国民会議の証言映像では、端島は地獄島ではなく、褌一丁で仕事をすることはなかったとしていますが、当時の三池の労働現場の体験者は褌一丁で仕事をし、地獄島であったと語ったわけです。加藤たちはこの聞き取り作業を、端島は地獄島ではないという証言を得て終わらせようとしたのですが、それはできなかったのです。

当時の常磐炭鉱、三池炭鉱、高島炭鉱の労働者の写真がありますが、常磐炭鉱では褌ひとつ、三池と高島では上半身が裸です。

④三菱の歴史認識の問題

産業遺産国民会議の歴史認識は閉山時の三菱の歴史認識と類似しています。

一九七四年に端島炭鉱が閉山、一九八六年に高島炭鉱が閉山しました。

一九八七年七月、三菱は端島から高島へと移された遺骨を収納したという追悼碑の下の納骨堂を破壊しました。その翌年の一九八八年に三菱が建てた高島慰霊碑には「この間、中国並びに朝鮮半島から来られた人々を含む多数の働く者及びその家族が、民族・国籍を超えて心を一つにして炭砿の灯を守り、苦楽を共にした日々を偲ぶ」とありました。

一九九一年に全羅北道で端島韓国人犠牲者遺族会が結成され、三菱に対し遺骨の返還を求めました。しかし、三菱側は「死亡者名簿・遺骨の所在は不明」、「事実関係が明らかにされておらず当社の責任については言及することはできません」と回答しました。三菱は高島での遺骨の発掘を拒否したのです。

中国人連行者が裁判闘争を行う中、二〇一六年に三菱鉱業の継承会社の三菱マテリアルは中国人強制連行について、高島・端島をはじめ下請け事業所を含め使用者責任を認め、痛切な反省と深甚なる謝罪を表明し、和解しました。そのときの和解合意では、一人当たり一〇万元（約二〇〇万円）を支払い、事業所跡地への追悼碑建設、追悼のための遺族招聘などを提示しました。

三菱マテリアルは、連合軍捕虜・中国人の強制労働を認めましたが、朝鮮人については認めず、現在に至ります。朝鮮人強制連行については、その歴史を日本政府と三菱は明らかにしてこなかったのです。それが新たな形で強制労働の歴史否定となっていると思います。

ところで産業遺産国民会議の「軍艦島の真実」では「世界遺産・軍艦島は地獄島ではありません」と主張するために、中国人の強制労働についても否定しています。それは三菱マテリアルの現在の認識に反する内容です。

(3) 韓国側の問題

二〇一五年の日本政府による明治産業革命遺産の世界遺産登録に際し、韓国政府外交部は関連の産業遺産で高島炭坑への強制動員数を四万人、端島炭坑へは六〇〇人とし、他の産業遺産と合わせて五万七九〇〇人が強制動員されたと主張しました。しかし、この数字は誤っています。

この数字を提供したのは韓国の対日抗争期強制動員被害調査及び国外強制動員犠牲者等支援委員会でした。

そこでは高島炭坑への強制動員数をわたしの研究を典拠に四万人としていましたが、わたしは高島炭鉱（高島坑・端島坑）への連行者数を四〇〇〇人近くとしています。四〇〇〇人が四万人と誤記されて公表されたのです。その後の韓国政府による訂正はありません。

二〇一七年七月、韓国市民がニューヨークのタイムズスクエアで、端島で六〇〇人が強制労働させられ、一二〇人が殺されたという宣伝をおこないました。端島には動員朝鮮人が一九四〇年代に現在員数として六〇〇人ほど存在したことは事実ですが、死亡者数の一二〇人は一九二〇年代から四〇年代における朝鮮人の死者の総数です。戦時の端島での朝鮮人労働者の死者数は五〇人ほどとみられます。このような歴史事実に反する表現は韓国の新聞記事にもあります。誤った表現は訂正されねばなりません。

映画「軍艦島」では実際にはなかった端島での銃による戦闘場面などが挿入され、歴史事実よりも娯楽が重視されていました。このような時代考証に反する作品は、事実認識を歪めるものとなりかねません。映画はフィクションですが、事実とあまりにかけ離れたものは挿入すべきではないと思います。

４　産業遺産情報センター

⑴　内閣府・産業遺産情報センターの設置

二〇二〇年三月、産業遺産情報センターが開設されました。産業遺産情報センターは内閣府が管理する施設です。内閣官房にある産業遺産の世界遺産登録推進室が基本方針を立て、内閣府にある地方創生推進事務局がその方針をふまえて具体的に立案したとされます。その開所式で主催者挨拶を内閣官房にある産業遺産の世界遺産登録推進室長兼内閣府の地方創生推進事務局長がおこなっています。地方創生推進事務局は二〇一六年に地域活性化統合事務局が再編されたものです。

この産業遺産情報センターの設立は、先に述べたように、二〇一五年七月に日本政府が戦時に強制的に労働させた事実を認め、「日本はインフォメーションセンターの設置など、犠牲者を記憶にとどめるために適切な措置を説明戦略に盛り込む所存である」と約束したことによるものです。

しかし、日本政府はこの約束を骨抜きにしました。二〇一七年一一月に政府が作成した「産業遺産情報センターの在り方等について 第一次報告書」の「はじめに」をみると、「明治日本の産業革命遺産」が世界文化遺産に登録された際、世界遺産委員会の決議において、「歴史全体についても理解できるインタープリテーション戦略」を策定するよう勧告がなされ、日本政府は、韓国政府との外交交渉を踏まえ、インフォメーションセンターの設置などの適切な措置を当該戦略に盛り込む旨を発言した。このような背景から、日本政府は「産業遺産情報センター」を設置することとし、その在り方等について検討するため本検討会が設置されたと記されています。

この段階ですでに、「犠牲者を記憶にとどめる」という設置目的が削除されています。二〇一七年に日本政府がユネスコの世界遺産委員会に提出した保全状況報告書でも、情報センターを産業遺産の保存の普及啓蒙に貢献する「シンクタンク」としています。

このようにして、情報センターの展示では犠牲者を記憶にとどめるという視点が排除されたというわけです。

(2) 産業遺産情報センター展示の内容と問題点

産業遺産情報センターの展示内容を『インタープリテーション戦略の実施状況についての報告』(内閣官房

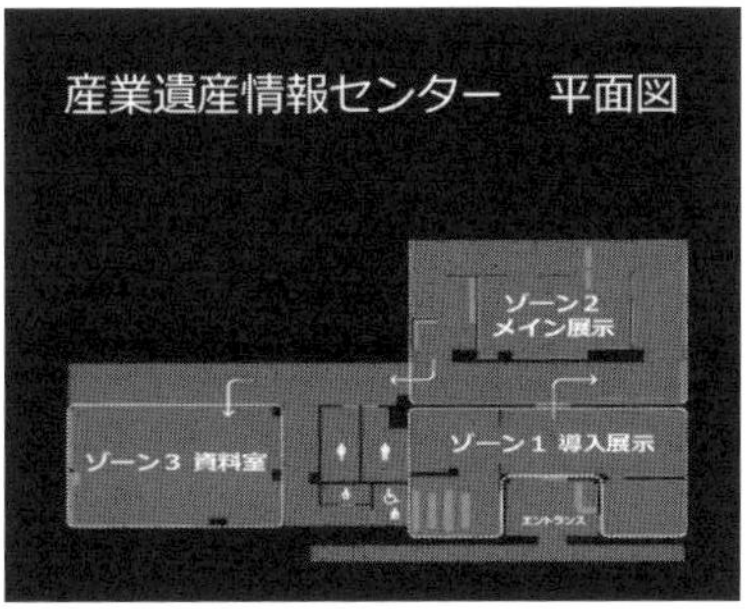

「インタープリテーション戦略の実施状況についての報告」から

二〇二〇年）からみてみましょう。

産業遺産情報センターの一階に、「導入展示、メイン展示、資料室」の三つの展示「ゾーン」があります。ゾーン1は「明治日本の産業革命遺産」の概要、「世界遺産に登録されるまでの道のり」です。ゾーン2は「幕末から明治にかけてわずか半世紀で産業国家へと成長していったプロセス」と「明治日本の産業革命遺産」の世界遺産価値、二三か所の構成遺産の世界遺産価値への貢献や構成遺産の「歴史全体」を示す場所です。ゾーン3は資料室であり、「第二次世界大戦中の事業現場における産業労働に関わる出典の明らかな一次史料、二次史料並びに証言を多数紹介」とされています。二階には、事務スペースのほか、収集した資料を保管する資料収蔵庫、研修室などがあります。

この報告書の「（三）旧朝鮮半島出身労働者等を含む労働者に関する情報収集」の項には（一七頁以下）、旧朝鮮半島出身労働者等を含む労働者の戦前・戦中・戦後の産業労働に関する調査をおこない、一次史料、口頭証言、出版物などの調査、論文、賃金などのデータ、裁判資料などの資料収集、産業遺産・産業考古学に関する海外有識者から産業労働に関する海外事例の情報収集、行政機関による調査、新聞記事等から端島炭坑における主な出来事を調査、坑内の様子を有識者の協力のもとで調査、有識者による戦前から戦後にかけての新聞報道を中心とした資料分析、当時の様子を炭坑労働経験者等から聞き取り調査などをしたと記されています。

そして、産業遺産情報センターでは、第二次世界大戦中に日本政府が徴用政策を実施していたことが理解できるよう、徴用政策の根拠となった法令等をパネル化し、当時、日本人も朝鮮半島出身者等も同様に厳しい環境の下で働いていた状況が理解できるよう、資料（証言映像を含む）を展示したとしています。また、書

図３４　元端島島民（在日韓国人２世）の証言パネル

端島炭坑で働く
「伍長」のお父さんを
誇りに思っていた
鈴木文雄

「インタープリテーション戦略の実施状況についての報告」から

架には産業労働を含む産業遺産全般に関するものなどを幅広く開架し、モニターでは、当時の労働や暮らしについてのインタビュー証言映像を閲覧可能とし、証言内容や日記の一部をパネル化して展示していると説明します。「中には朝鮮半島出身の徴用された労働者の手記、戦時中の事業現場で朝鮮半島出身者や中国人捕虜と共に働いた日本人の日記や史料が開架」とも記されています（三二頁）。

「ゾーン３資料室」～示されない強制動員の実態と未払金の存在

戦時の日本による朝鮮人動員に関する展示が集められているのは「ゾーン３資料室」です。

この「ゾーン３資料室」の資料の多くは、戦時の動員を正当化して強制労働を否定し、差別についても否定するものです。特に元端島住民の証言が、強制労働と差別を否定する形で編集され、展示されています。この部屋には、端島元住民の証言者の大きな顔写真が並んでいます。元住民の証言を採用して、「端島は仲良しのコミュニティ」であり、強制労働も差別もなかったと主張するための展示となっています。戦時に「労資一体」、「内鮮一体」のかけ声のなかで強制労働がなされていた実態を批判的に見る視点が欠けています。

戦前に父親が端島で労働していた在日韓国人鈴木文雄の証言も採用されています。父が端島で働き「伍長」といわれたが、戦時中、事故が増え、端島から転出したといいます。戦時に動員された朝鮮人の証言ではありません。戦時動員が激しくなった頃の説明はなされず、差別がなかったという口述だけが利用されています。

朝鮮を占領し、皇国臣民化により日本人とする政策を行い、日本の戦争のために集団動員したことが差別です。ここには展示されていませんが、端島元住民には、「日が当たらない地下のじめじめしたところに朝鮮人の家族は押し込められていたというのが実態」、「朝鮮人がまたケツわった（逃亡した）と親父が言っていました」と語る人もいます（竹内新平証言、戦時に父が端島で労働）。そのような証言は採用されていません。戦時に端島に動員された朝鮮人・中国人の被害者の証言も展示されていません。

三池炭鉱で中国人を労務管理した日本人青谷昭二の冊子が紹介されています。青谷は、朝鮮人は集団就職であり、差別はないと語る人物です。三池炭鉱には、朝鮮人、中国人、連合軍捕虜が動員されていますが、その証言は示されていません。三池炭鉱の連合軍捕虜にはバターン死の行進で生き残り、三池へと連行され、労働を強いられた者もいました。そのひとり、レスター・テニーは手記「バターン　遠い道のりのさきに」を残し、強制労働の実態を記しています。連合軍捕虜のなかには営倉で餓死した者や刺殺された者もいました。しかし、そのような記録は示されてはいません。

パネル「徴用関係文書を紐解く」では、官斡旋、徴用に関する日本政府の動員文書が提示されています。しかし、一九三九年からの集団募集の動員文書が欠落し、四二年の官斡旋以降の動員が記されています。日本政府が立てた労務動員計画により、朝鮮人は集団募集、官斡旋、徴用によって、日本へと約八〇万人が動員されています。それは欺瞞や命令、ときには拉致も含む強制的な動員でした。その実態についての具体的な解説はありません。中国人や連合軍捕虜の動員状況についても示されてはいません。

広島県の東洋工業に動員された鄭忠海《チョンチュンヘ》の「朝鮮人徴用工の手記」が展示されています。この手記は強制労働否定を宣伝する側が利用してきたものです。しかし、手記を読むと「強制的に引っ張られて来た人々が大部分ではないか。」「徴用というよからぬ名目で動員されてきて、作業服をまとい奴隷のような扱いを受け」（三八頁）など、強制労働に関する記述が複数あります。この資料には強制労働を示す記述がありますが、その内容を展示では言及していません。

日本在住の台湾出身者で長崎造船所に戦時徴用された人の給与袋が展示されています。賃金が支払われ、差別がなかったことを示したいのでしょう。けれども、長崎造船所に強制動員された金順吉《キムスンギル》は裁判を起こし、裁判では強制労働や強制貯金の事実が認定されています。長崎造船所には朝鮮人約六〇〇〇人が強制動員されています。朝鮮人未払金は約三四〇〇件、約八六万円がありました。八幡製鉄所では約三五〇〇件、約三〇万円が供託されています。現在の価値で億単位の金額です。このように数多くの動員朝鮮人の未払い金があるのです。そのような資料は示されていません。

情報センターの展示は「犠牲者を記憶にとどめるため」のものではなく、徴用は正当であり、強制労働も差別もなかったという展示になったのです。公約は反故にされたのです。

(3) 産業遺産情報センター長の主張

産業遺産情報センター長となった加藤康子は、情報センターへの批判が出ると「Hanada」誌に産業遺産国民会議専務理事の肩書きで、「韓国が早速クレーム「産業遺産情報センター」」(二〇二〇年九月、以下、①と表示)、「記者か、活動家か　朝日、毎日が目の敵にする産業遺産情報センター」(二〇二〇年一〇月、以下、②)、「取材を受けた当事者が告発　NHK「軍艦島ドキュメント」偏向の手口」(二〇二一年一月、以下、③)という題で文を記しています。

「事実軽視、韓国重視　日韓メディアの欺瞞」(「正論」二〇二〇年一〇月、肩書は産業遺産国民会議専務理事、情報センター所長)、「軍艦島　戦時〝徴用工〟問題歪曲報道NHKは平気でウソをつく」(加藤康子・有馬哲夫、「WILL」二〇二一年一月、肩書は元内閣官房参与・産業遺産情報センター長)といった記事もあります。

それらの記事の内容は、強制労働はプロパガンダである、端島は仲良しコミュニティである、島民は無実であるというものです。また、動員被害者の証言を採用することなく、強制労働という「負の歴史」自体を否定します。さらに、センター長として知りえたセンター訪問者の個人情報を暴露し、「反日・国益」の名によって批判的な報道を批難しています。

その問題点を具体的にみてみましょう。文中の括弧は筆者による補足です。

①強制労働を韓国のプロパガンダとする

「(七〇人強の端島民への取材では) 端島において韓国側の主張するような、いわゆる奴隷労働の証拠や証言は見つかっておりません」①、「(韓国の強制労働の宣伝に抗議すべきであり) 日本政府は紳士ズラし過ぎていると思います」①、「いまは私一人で日本の一部マスコミ、韓国のプロパガンダに反論しており、政府は及び腰です」①。

このように強制労働を韓国側のプロパガンダとみなします。戦時には朝鮮人、中国人、連合軍捕虜の強制労働があり、それゆえ、二〇一五年七月の世界遺産登録の際に日本は、「一九四〇年代にいくつかのサイトにおいて、その意思に反して連れて来られ、厳しい環境の下で働かされた多くの朝鮮半島出身者等がいたこと」と認知したのですが、その発言に反する記述をしています。

②端島は仲良しコミュニティと主張

「島民たちは戦時中の端島で、働く人も物資も不足するなか、全山一家でお互い助け合いながら、石炭を掘り、職場と一体になった生活環境で暮らしてきた様子を語っています」②、「この小さな炭鉱コミュニティでは、戦前、戦中、戦後を通し、いかなる時代にあっても、出身はともかくとして、全山一家で、苦しいことも悲しいことも嬉しいこともすべて分かち合い、泣いて笑ってお醤油を貸し借りしながら、一緒のお風呂に入りながら、支え合い、懸命に生きてきました」③。

端島全体が三菱の所有地であり、住民は三菱の労務によって監視されていました。仲良しコミュニティ論は、明治・大正・昭和における労資関係の変遷を見ようとしないものです。それは、歴史分析のない議論であり、戦前の納屋制度や戦時の労働現場への軍隊的規律を導入しての増産強制の問題点を隠蔽するものです。

③島民は無実とし、動員被害者の証言を否定

「「仲良しのコミュニティの証言は全体像を示してはおらず信憑性を欠いている」と一方的に彼らの証言を疑い、加害者扱いをすることこそ、端島島民への差別であり偏見です。」②、「活動家まがいのメディア人たちに問いたい。無実の島民たちを加害者扱いにすることに「良心の呵責はないのか」、と」②。「一握りの「いわゆる被害者」証言だけを鵜呑みにし、真偽も確かめず、加害者と被害者の烙印を押して島民を分断し、（中略）端島での暮らしの記憶のすべてを切り捨てるのは乱暴かつ傲慢な対応としかいいようがありません」③、「（誤認や歪曲があれば修正するものであり）私は、歴史修正主義を悪いことだと思っておりません」①。

強制労働の指摘を、端島島民を加害者とするものとみなし、元端島住民への人権侵害であるとし、問題をすり替えています。それは、逆に動員被害者との分断や対立を生むものです。加藤は、動員された朝鮮人の証言については細かく間違いなどを指摘し、根拠薄弱として採用しません。しかし、元端島住民の子どもの頃や伝聞による証言については、十分な検証をせず、資料として利用しています。歴史修正主義の用語についても肯定的に語っていますが、この用語は歴史を意図的に歪曲し、否定する行為を示すものです。それを肯定的に使用することは、国際的には過去を合理化して歪曲する宣伝を行っていることを自認していること

になります。

④「負の歴史」の否定

「（ＮＨＫ福岡「実感ドドド！追憶の島　ゆれる「歴史継承」」）番組は、「軍艦島の世界遺産価値は負の歴史にあるのだ」という強い固定観念を前提に制作されており、韓国政府の主張そのものです」③、「労働＝影、労働＝マイナスというふうに捉えるのは短絡的だと思います」③、「誇りをもって作業着を着ているんだから、負の歴史なんて言わないでもらいたい」③。「炭鉱労働を負ときめつけて「負の遺産だ」と議論するのは差別以外の何物でもありません」③。

各施設での、戦時の強制労働という「負の歴史」について指摘することを、端島での生活・労働全般を「負の歴史」とするものとみなして問題をすり替えています。産業遺産にはさまざまな歴史があり、資本、労働、国際関係などから、多面的にみることが大切です。加藤の論は「負の歴史」自体を否定するという短絡的なものです。産業遺産の展示では、強制労働が存在する場合には、それを展示することで国際的な理解がえられます。

⑤「反日・国益」の名による批難

「（ＮＨＫ福岡「追憶の島」）韓国の主張に寄り添った報道を行い、産業遺産情報センターの展示戦略や端島元島民の声を棄損する報道を行うことで、政治的に踏み込んでいます。これは放送法第四条「政治的公平性」を逸脱しているのではないでしょうか」③、「（竹内氏は）歴史研究者となっていますが、その実、バリバリの活動家なのです。しかし、竹内氏がそういった反日的な活動をしてきた人物ということをＮＨＫは一切伝えません」③、「今回、林えいだい氏や竹内氏などの主張をNHKが放映することで、根拠薄弱な情報が「既成事実化」してしまいました」③、「国民の受信料で運営されているNHKが、このような国益を損なう偏向番組をつくるなど、断じて許されることではありません」③。

NHK福岡「追憶の島」は、明治産業遺産の説明にあたって深みのある内容とするには負の遺産を含めて表現することではないかという問題意識によって制作されたものです。番組ではさまざまな議論を示しており、偏向はなく、放送法違反ではありません。NHKの報道内容を「国益」の名で批判するような見地に問題があります。強制労働問題を調査研究することは、反日でも、活動家でもありません。「反日」のレッテルで主張を否定してはならないのです。加藤は世界遺産登録にむけて活動し、内閣官房参与にもなり、今はセンター長としても活動しているわけですから、「バリバリ」です。強制労働をプロパガンダと喧伝する加藤の活動はかえって日本の信用を落とすことになるでしょう。

⑥公私混同・個人情報の暴露

「(朝日新聞記者とのやりとり)私もカッとなり、スタッフにこう指示しました。「この攻撃的な態度こそ撮っててちょうだい!」②、「(センターでの市民運動の矢野氏との対話から)私には、矢野氏が何か隠しているように見えました」①、「この歴史戦は、政府がきちんとおカネをかけて、毅然と一次資料や元島民の証言などの「ファクト」を発信していけば、矢野氏のプロパガンダに負けることはありません」①。

加藤は、公的な展示施設のセンター長として知りえた批判的な記者や市民との対話や所属など個人情報を、本人の了解もなく雑誌に記しています。またその内容は伝聞によるものがあり、記述に間違いがあります。センター長としての資質が問われる行為です。センター訪問者への録画撮りの対応やこのような雑誌での記述は不寛容な姿勢を示すものです。

情報センターは内閣府の展示施設であり、国税で運営されています。センター長は内閣府の機関を代表する立場にあり、来館者の主権者国民や外国籍市民に敬意を示す姿勢が求められます。加藤による展示批判者を「反日メディア」「反日活動家」とする宣伝は、センターを私物化する行為とみなされるでしょう。

真相究明は「歴史戦」などではなく、資料に依拠して真実を示すことです。加藤の記述は偏狭であり、寛容が感じられません。過去への反省がなく、自らを被害者とみなす行動です。動員を強要された人々の視点をふまえて歴史を見るべきです。加藤が宣伝する明治の産業化の賛美の物語は、国際協調を掲げ、知的で精神的な連帯を求めるというユネスコの精神に反するものになっています。加藤の主張には無理があるのです。

5　ユネスコの「強い遺憾」

(1)　二〇二一年ユネスコによる視察と批判

①ユネスコ・イコモスの視察報告書

ユネスコとイコモスは、このような産業遺産情報センターに対して二〇二一年六月七日から九日にかけて共同視察をおこない、七月二日には視察報告書を出しました。

その報告書は、問題、視察、評価、結論の四点でまとめられていますが、最初に概要が記されています。そこで、端島の口述証言については、訪問者に提示される歴史的な語りが、産業遺産の暗い面を含む産業労働のあらゆる見地、特に戦時中について訪問者が自ら判断できるような方法でさまざまな物語を提示していないことを確認するとします。そこには、人々が「強制的に働かされていた」という証拠がほとんどなく、「過酷な状況」や「犠牲者」に関して、日本人労働者と朝鮮人などの間に違いはないと述べているとしています。また、一九一〇年以降の日本の軍事目的でのその産業遺産の役割について歴史全体が言及されていないとします。そして登録時での日本の約束や登録時およびその後の世界遺産委員会の決定はまだ完全には実施されていないと記しています。この一節から結論の方向を知ることができます。

報告書の結論は、次の五点でまとめられています。要約すれば、以下のようになります。

① 各サイト（遺跡）がいかにして顕著な普遍的価値（ＯＵＶ）に貢献しているかを示し、各サイトの歴史全体を理解できるような解説戦略について（第三九回世界遺産委員会決議）。

いくつかのサイトの歴史では、顕著な普遍的価値の対象期間（一八五〇年代～一九一〇年）前後の期間を示していることは認められるが、第二次世界大戦の期間やそれに向かう期間の扱いが簡単であるため、歴史全体が記述できていない面がある。

② 多数の朝鮮人等が意に反して連行され、過酷な労働を強いられたことと日本政府の徴用政策を理解するための措置について（登録時の日本側代表団の発言）。

多くの朝鮮人やその他の人々を産業遺産で働かせたという日本政府の政策は、話し合いの中では視察団に説明されたが、文書資料でしか見られない。展示されている情報からは、当時、他国からの徴用労働者は日本国民とみなされ、同じ扱いを受けていたという印象を受ける。展示されている口述証言は、すべて端島に関するものであり、強制的に働かされた実例はなかったというメッセージを伝えている。したがって、意に反して連れてこられ、強制的に働かされた人々を理解するための解説上の措置は、現状では不十分であると結論づける。

③　情報センターの設立など、犠牲者を記憶するための適切な措置を解説戦略に組み込むことについて（登録時の日本側代表団の発言）。

情報センターは二〇二〇年に開設され、口述証言を含む労働者の生活に関するさまざまな調査資料を展示しているが、現在のところ、犠牲者を記憶するという適切な展示はないと結論づける。

④　顕著な普遍的価値に関する期間内・期間後のサイトの歴史全体の解説とデジタル解説資料での解説戦略に関する国際的に優れた実例について（第四二回世界遺産委員会決議）。

顕著な普遍的価値の期間後の歴史全体に関する解説戦略について、同様の歴史を持つ他の産業遺産と比較し、人々が強制的に働かされたことや軍事目的で使われていたことが十分に認識されている国際的な優れた実例に達していないと結論づける。センターのデジタル解説資料に関しては、他の世界遺産の模範となりえる国際的に優れた実例であるとみなす。

⑤　関係者間の継続的な対話について（第四二回世界遺産委員会決議）。

視察団は、関係締約国、特に韓国と日本の間で何らかの対話が行われたと結論づけた。視察団は、日本から提供された日本と韓国の間で行われた会議の一覧表の文書を受け取った。視察団はこれらの会議の内容について何の情報も得ていないが、これらの会議は関係者の間で実際に対話が行われていることを示すものとみる。視察団は今後の対話が重要であり追求すべきと考えている。

視察団は、委員会の決定における多くの側面が、一部は模範的な方法で遵守され、要求の多くが満たされてはいるが、登録時に日本が行った約束や登録時とその後の世界遺産委員会の決定を、情報センターはまだ完全には実施していないと結論を記しています。

②「強い遺憾」を示したユネスコ決議

報告書の内容はこのようなものです。視察団は、歴史全体の記述や強制労働に関する展示は不十分である、犠牲者を記憶する展示がない、強制労働の展示は不十分であり、国際的に優れた実例とするべき、関係者間の対話が必要であると判断したのです。なお、ここに記されている日本から渡されたという日韓の会議文書の詳細な内容は不明です。現時点では、韓国との十分な対話はなされてはいません。

この報告書を受け、ユネスコの世界遺産委員会は七月二二日に、産業遺産情報センターの展示に関して、「強い遺憾」を示すという決議をあげました。そこでは報告書の結論に従い、歴史全体を理解できるようにすること、多数の朝鮮人などが意に反して連れてこられ過酷な条件で働かされたことなどが理解できるようにすること、情報センターの設置など犠牲者を記憶するための適切な措置を解説戦略に組み込むこと、強制労働などを示す国際的に優れた実例とすること、関係者間で継続的に対話することなどを求めたわけです。

③疑念を深めさせたセンターでの説明

報告書には、センターでの説明の状況が次のように記されています。

ガイドによれば、インタビューを受けた全員が端島で強制労働があったとせず、島に住んでいた人びと（日本人ほか）は良い経験も悪い経験も分かちあったと答えた。さらに、地元の人の発言と比べ、朝鮮人による島の過去の説明の信憑性を疑問視するものもあった。それには第3ゾーンの本棚に置かれている証言も含まれ、視察団に対し「議論の余地があるもの」と紹介された。視察団が「過酷な状況」について質問すると、炭鉱はつらい活動であり、日本人労働者も他の人々も、過酷な状況を分かちあっていたと答えた。提示された壁パネルの証言はこの発言を支えるものであった。（中略）情報センター視察の際の説明は、二日目の端島の歴史を記録する民間機関「軍艦島デジタルミュージアム」の久遠氏のプレゼンテーションでさらに強化された。軍艦島デジタルミュージアムは、廃墟となった島に残された数々の資料を収集している。久遠氏によれば、端島についての悪い宣伝は誤報やプロパガンダによるものであり、同館は収集した資料の分析や口述証言を通じて、誤った情報を正し、歴史の「真実」を伝える活動を行っているという。

このような説明を受け、視察団は次のように感想を記しています。

今回の視察で強く印象に残ったこと、それは、朝鮮や他の地域からの労働者の移動に関するいくつかの面が紹介されたが、朝鮮人と他の人々（戦争捕虜を含む）が、一九一〇年以降、明治産業遺産のいくつかのサイトで意に反して労働を強いられたことを知ることは難しいようであること、このような歴史の姿を理解するための措置が情報センターの解説として提供されていないということである。

センターを視察するなかで、元端島住民の証言には強制労働があったというものはない、強制労働の宣伝はプロパガンダであるという説明を聞けば、その展示の姿勢に疑念が深まり、戦時の強制労働の歴史を示そうとしていないのでは、と感じるのは当然です。

視察報告をふまえてのユネスコの決議は当然の帰結です。しかし、この報告書と決議を加藤は受け入れることができません。

(2)　ユネスコ批難を繰り返すセンター長

加藤康子は「韓国と反日日本人に洗脳されたユネスコ」（『正論』二〇二一年九月号掲載）を記し、センター長としてユネスコ・イコモスの視察報告書に反論しています。

①不正確な事実認識

そこで加藤は、この査察は、韓国政府や強制動員真相究明ネットワークなどの活動を受けてのものであり、結論ありきの調査であると記しています。犠牲者については「加害者が誰かという議論にもなるので慎重でなければならない」とし、労災事故の記録などがあれば国籍に関わらず紹介すると記しています。「端島島民にぬれぎぬを着せ、人権を傷つけることを許すわけにはいかない」というのです。加藤は、端島での強制労働に関しては、島民が端島では強制労働はなかった、差別はなかったと語っている、強制労働があったとすることは島民の人権を侵すことになるといいます。

加藤は、ユネスコが「犠牲者を記憶にとどめる」措置としては「不十分」とし、多様な証言を提示するように求めたと記しています。この表現は正確とは言えません。ユネスコは犠牲者の記憶については、犠牲者を記憶するための適切な展示がない（no display）と指摘しているのです。ユネスコが不十分（insufficient）と記しているのは、戦時の強制労働の記述についてです。

また、加藤は、「国家総動員法（一九三九年四月）に基づき、四二年二月から、朝鮮総督府の斡旋により朝鮮半島出身者の労働者の募集を実施」と記しています。国家総動員法の制定は一九三九年ではなく一九三八年であり、制定年の記述が間違っています。また、日本政府の労務動員計画によって、一九三九年九月から朝鮮人の集団募集がはじまっているのですが、その事実が欠落しています。

さらに、真相究明ネットワークが、「（市民団体ではなく）優秀なプロの活動家」であり、「訴訟の原告を掘り起こし、裁判を支援する活動を行っている。原告とは一九一〇年から四五年までの間、日本で働いた全ての朝鮮人を対象」と書いていますが、これも間違っています。ネットワークは市民団体であり、団体として原告を掘り起こした事実はありません。朝鮮から日本への労務動員の原告は一九三九年から四五年の間の動員者です。加藤は、究明ネットが二〇一五年に「軍艦島は地獄島である」と宣伝したと記していますが、そのような活動もしていません。

このように加藤は労務動員についての基礎知識、歴史理解に欠けていますし、究明ネットの活動内容や裁判の原告についての理解も不十分です。

②戦時体制への無批判と戦争責任の排除

加藤は「戦禍の中で増産体制を支える産業戦士たちが被徴用者の青年を含め、どのように職場を支えたのか」と記すなど、戦時の増産強化や動員体制などを批判的にとらえようとしません。また、「(資料集や書籍は)企業の加害責任を戦争責任として追及する立場で書かれたものが大半」とし、戦争責任をとるという立場を排除する側に立ちます。過去の戦争の歴史を批判的にとらえ、戦争責任をとるという姿勢がないのです。

さらに「ナチス・ドイツによる労働は他に比類なき強制労働の歴史であり、韓国がドイツの例を諸外国に適用させようとするには無理がある」とも記しています。日本による戦時の労働動員はドイツの強制労働とは異なり、強制労働ではないとみなすわけです。

このような立場では過去の戦争を批判して設立されたユネスコの理念を共有できないでしょう。

③自らの強制労働の否定の行動は不問

最後に加藤は、「世界遺産から政治を排除することを心から願っている。政治が歴史に介入する悪循環をなくすために正確な一次資料や当事者の声を伝える情報センターを目指したい」と記し、世界遺産から政治を排せと主張し、「中立的な展示」を求めています。

明治産業革命遺産は安倍政権下、官邸主導で推進されました。つまり政治主導で世界遺産に登録され、そこには安倍政権の歴史認識も反映されました。情報センターは明治の産業化賛美と強制労働の否定の喧伝の場となりました。これこそ、加藤のいう「政治が歴史に介入する悪循環」です。

加藤は「記者か、活動家か　朝日、毎日が目の敵にする産業遺産情報センター」、「韓国と反日日本人に洗脳されたユネスコ」などという題で記事を書いています。戦時の強制労働の歴史を否定してこのような記事を記していることも政治性を持つ行為です。加藤は自らの偏向した歴史観、政治的意識については不問にし、ユネスコを批難するのです。

加藤の立場は、先にみたように、強制労働を「プロパガンダ」とみなし、強制労働の歴史を否定するものです。ですから、加藤は二〇一五年の「その意思に反して連れて来られ，厳しい環境の下で働かされた多くの朝鮮半島出身者等がいたこと」、「インフォメーションセンターの設置など、犠牲者を記憶にとどめるために適切な措置を説明戦略に盛り込む」という約束を認めようとせず、それを反故にする展示をすすめてきたわけです。

④繰り返されるユネスコへの批難

加藤はユネスコで決議が上がると、産業遺産国民会議のウェブサイトに「ユネスコ決議、ユネスコ・イコモス専門家報告書について」というコメントを記しています。そこでも、「戦禍の中で、端島の朝鮮半島出身者は、共に働き、共に暮らし、全山一家で増産体制を支えた」と戦時動員を肯定しています。また、犠牲者の定義には認識の差があり、加害者が誰かという議論になるので慎重であるべきとし、連行された朝鮮人・中国人を犠牲者として規定しようとはしません。そして、「政治が歴史に介入する悪循環をなくす」ために、一次情報と当事者の声を伝えるとしながら、強制労働に関する資料や被害者の証言を排除します。

加藤はユネスコ決議後に、国家基本問題研究所のウェブサイトに同様の趣旨の「韓国と活動家の主張によりそうユネスコ決議と報告書」（八月二日掲載、肩書は元内閣官房参与）という文を記しています。

「週刊新潮」と「正論」での
ユネスコ批判

⑤ユネスコ決議をふまえた展示改善を

さらに加藤は、情報センター長の肩書で、「週刊新潮」（八月二六日）に「「韓国」「反日活動家」の言うがまま「軍艦島」に「ユネスコ」が「強い遺憾」決議のおかしさ」という記事も書いています。

そこで、二〇一五年の登録時の日本政府の発言を「闘わずして負けた」と批判し、ユネスコは「歴史を裁く資格はない」と居直っています。また加藤は、ユネスコが「「保全」の問題ではなく「展示」で是正の決議をするのは前代未聞」、日本政府はユネスコに「加盟国分担率で一一％に当たる三二億円という拠出金を出していながら」、今回の調査に関する韓国とユネスコの事前協議を知らされず、「信頼関係ができていない」とユネスコを批判します。そして、強制労働を認めることは「島民に濡れ衣を着せ、人権を傷つける」ものと記しています。

加藤はこの産業革命遺産の保全委員会とそのインタープリテーションワーキンググループで展示内容を構想してきた中心人物です。保全委員会ではインタープリテーションが主要な議題であり、それは保全の柱です。ユネスコ登録時の約束が守られているのかどうかが問題とされるのは当然です。素直にユネスコの批判を受け止めるべきです。

「反日日本人」などという用語を平然と使っていることにも問題があります。加藤は「反日」のレッテルを貼り付け、過去の戦争の歴史を反省することなく、強制労働を否定します。「韓国と反日日本人に洗脳されたユネスコ」という題はヘイトを煽動する者たちの言葉と同類です。

情報センターで歴史全体が示され、戦時の強制労働を認めること、動員被害者の証言が展示され、センターが犠牲者を記憶する場となること、それを願います。

では最後に課題をあげます。

第一に、ユネスコ理念を再確認すべきです。ユネスコの世界遺産は、人権と平和への人類の知的・精神的連帯の形成を求めて設置されたものです。世界遺産の登録に際しては、関係国・市民団体との対話が必要です。観光や自国の賛美のためにあるのではないのです。犠牲者の記憶も大切です。情報センターは東アジア共同の記憶センターへと展示内容を変更すべきでしょう。

第二に、植民地主義の克服の視点を持つことです。「民族差別も強制労働もなかった」という主張の背後には、韓国併合は合法であり、その下での動員は正当である。問題は六五年の日韓請求権協定で解決した。大法院判決は国際法違反である。韓国が世界遺産登録を妨害しているという考えがあります。そのため日本を韓国の反日行為の被害者とみなすのです。

しかし、民族差別も強制労働もあったのです。韓国併合は不法であり、その下での動員は反人道的な強制動員であったことを認めるべきでしょう。植民地支配への反省が必要です。

問題は六五年日韓協定では未解決であり、大法院判決は国際法の現在の認識に沿うものです。世界遺産登録に際して、強制労働を認知すべきです。被害者の尊厳回復の視点をわかちあうべきです。日本中心の思考を克服し、他者への共感を示すことが求められます。

強制労働被害者はみている
強制労働はなかったという
歴史否定は許されない
八幡製鉄所、長崎造船所、三池炭鉱、端島炭鉱などでの強制労働体験者（講演でのプレゼン資料から）

真実を追究し、被害者の尊厳・名誉を回復し、差別を克服する視点で、いますすむ歴史否定やヘイトの動きを止めなければならないと思います。

第三に、強制動員の歴史の現場を平和友好の場としていくことです。強制動員の真相究明、被害者の尊厳回復、その歴史の継承が求められます。これまで強制連行・強制労働の調査が全国各地で行われてきました。それは韓国や中国をはじめアジアの人々との友好の運動でもあったのです。

朝鮮半島についてみれば、日本による強制占領と皇民化政策という歴史の結果として、いまも無縁の遺骨が存在します。その死の歴史に思いを馳せたいと思います。戦争動員の場から生還することができた方の証言のなかには、その時代の支配的な思考を否定し、新時代に生きようとする希望を示すものがあります。その想いを継承し、民衆の側からの新たな平和の表現と歴史の創造をすすめるべきでしょう。

まず大切なものは生命です。それを維持するには平和的な関係が必要です。その関係には歴史認識が欠かせません。いまはコロナ禍ですが、これを契機に防衛の名による軍拡ではなく、防疫の国際的共同にすすむべきでしょう。軍事によらない人間の安全保障を拡大する時代とすべきと思います。それにあたり過去の国家暴力の清算が求められます。戦争などの国家暴力の被害者の尊厳回復は戦争を抑止する力になるからです。

（追記）二〇二三年に入り、産業遺産情報センターで追加の展示がなされました。それはパソコンでの端島の保安月報・保安日誌の紹介、端島炭鉱での死亡者の存在の提示、兵庫県の播

磨造船所での朝鮮人の給料袋の展示などです。播磨造船所では朝鮮人、中国人、連合軍捕虜が強制労働させられたのですが、それは示さずに給与袋を朝鮮人も日本人と同様の給与であったことの例証として使っています。強制労働の存在を認める展示ではありません。

「朝鮮の人も日本人も（当時は）同じ日本人ですから」「差別はないですよ」という端島住民の発言も展示されています。では立場を変えて考えてみましょう。日本が他国に主権を奪われ、植民地とされたとします。そこで名前を変えられ、その国の国民とされて政府の動員計画の下で動員された、独立を語れば犯罪とされたとします。そこに差別はないといえるのでしょうか。朝鮮人の民族性を奪って日本人として扱ったことの侵害と差別を理解すべきでしょう。

二〇二一年二月一三日・高麗博物館主催での講演「否定できない朝鮮人強制労働」の内容に、同年九月一八日の強制動員真相究明ネットワーク主催での報告「産業遺産情報センターを問う」の内容を追加。

第2章　高島炭鉱（高島・端島）での強制労働

1　高島炭鉱・朝鮮人強制労働

「明治日本の産業革命遺産」が世界遺産として登録され、そこに長崎県の高島と端島の炭鉱が入れられました。高島と端島の炭鉱は八幡製鉄、三池炭鉱、長崎造船とともに戦時に朝鮮人が強制連行された場所です。

日本への労務動員により強制連行された朝鮮人は八〇万人ほどですが、そのうちの四～五割が炭鉱に動員されました。炭鉱に強制動員された朝鮮人は三〇万人を超えます。その動員数は、福岡（筑豊）で約一五万人、北海道で約一一万人、佐賀・長崎で約四万人、常磐で約二万人、宇部で約二万人とみられます。

高島は長崎港から約一四・五キロメートル先、端島はさらに四キロ沖、端島から南の野母半島までの距離も五キロほどです。ともに「圧制のヤマ」として知られ、端島は「軍艦島」と呼ばれています。三菱高島炭鉱（三菱鉱業高島礦業所）は高島と端島の両坑を持っていました。戦時には中国人も連行されました。

史資料を読み、証言や調査から学び、現地を訪れることで、記されてこなかったことがら、声になっていないものごとを形にすることができますが、歴史の記述では小説・映画のように、架空の人物を設定することはできません。

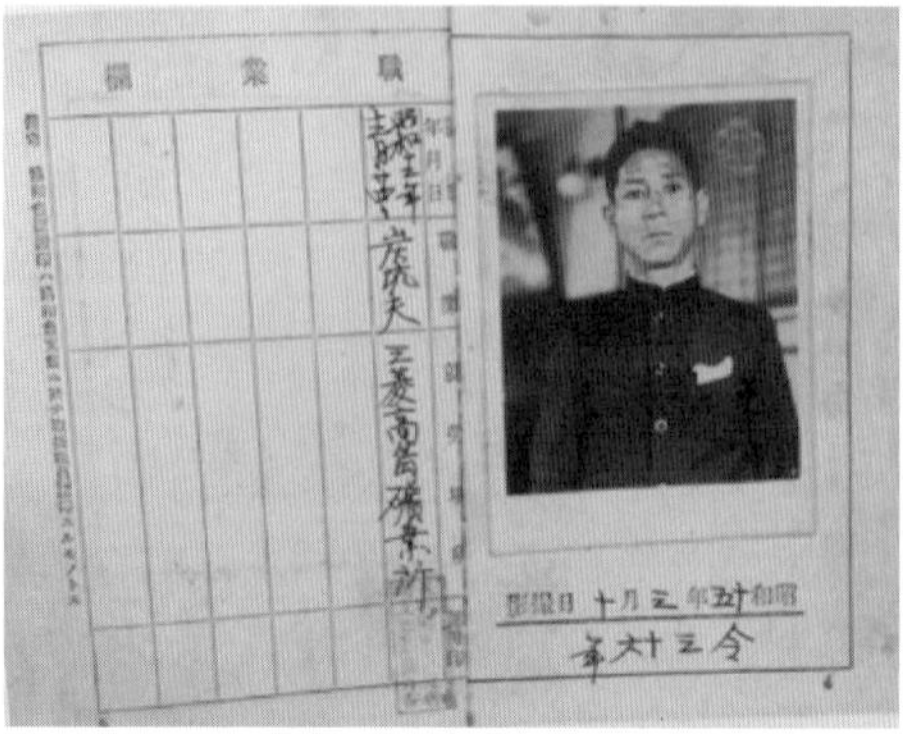
徐達文の協和会手帳（強制動員真相糾明員会収集史料）

以下、高島炭鉱への強制連行者数、死亡者の状況、強制労働の実態、現地地図、歴史の歪曲・否定の問題の順に話します。

証言については、長崎在日朝鮮人の人権を守る会『原爆と朝鮮人』一〜七、同『軍艦島に耳を澄ませば』、林えいだい『死者への手紙』、同『筑豊・軍艦島　朝鮮人強制連行、その後』、百萬人の身世打鈴編集委員会『百萬人の身世打鈴』に収録されています。出典や資料名は、竹内『調査・朝鮮人強制労働①炭鉱』の第6章「三菱鉱業高島炭鉱」に記しています。高島・端島の死亡者名簿については『戦時朝鮮人強制労働調査資料集　連行先一覧・全国地図・死亡者名簿　増補改訂版』に掲載していますので、そちらを参照してください。

(1) 史料を読む1　高島（高島・端島）への強制連行者数

高島炭鉱には一九一〇年代後半から朝鮮人が募集されました。三菱は一九一七年九月に朝鮮での募集を認可され、一九一八年に朝鮮人数は三三四人になりました。当時の高島炭鉱の労働者数は約三四〇〇人で、朝鮮人が一割を占めました。朝鮮人は坑内で一六六人（高島坑八四人、二子坑一二人、端島坑七〇人）、坑外で一八六人でした。三菱は早くから朝鮮人を労働させたのです。事故死した朝鮮人もいました。

一九三三年ころ端島へと移住した姜時点《カムシジョム》は、端島には、所帯持ち朝鮮人が存在し、吉田飯場には一一〇人の朝鮮人坑夫がいたと話しています（林えいだい『死者への手紙』）。一九三五年時点で、高島・端島に三五〇人の朝鮮人がいたこともわかります（前川雅夫編『炭坑誌』）。このように朝鮮人の強制連行の前史があるわけです。

韓国の強制動員被害真相糾明委員会は、一九三七年に高島に募集され、その後も高島

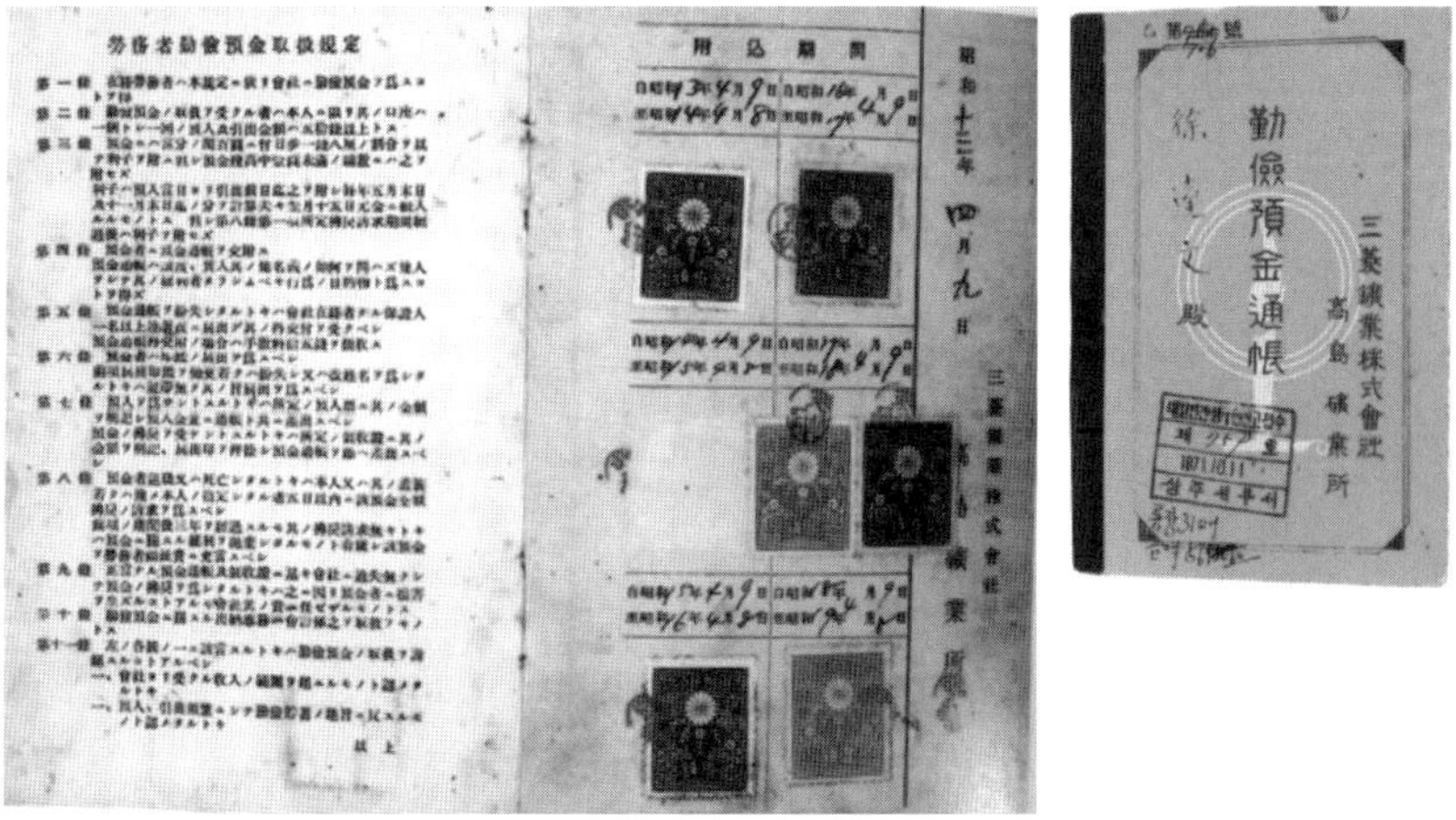

（右）徐達文の勤倹預金通帳（強制動員真相糾明員会収集史料）
（左）預金記録（同）

で労働し、現地で現員徴用されたとみられる朝鮮人の協和会手帳を収集しています。高島炭鉱の勤倹預金通帳もあります。郵便貯金ではなく、会社が預金通帳を作っていたのです。協和会の手帳には顔写真もあります。このようなまなざしの存在をふまえ、語られることのなかった数多くの存在にこたえることができるような表現が求められていると思います。

では、高島炭鉱（高島・端島）への強制連行者数についてみていきます。わたしは動員数を約四〇〇〇人と推定しています。

中央協和会の「移入朝鮮人労務者状況調」によれば、高島炭鉱（高島・端島）への一九三九～四二年六月までの朝鮮人連行者は一一一〇人です。石炭統制会の統計史料をみると一九四三年から四四年の連行状況がわかります。

一九三九年から四三年末までに二〇〇〇人以上が連行されたとみることができます。さらに、四四年一月から八月までの連行者数約七〇〇人、九月のサハリンからの転送者など四〇〇人を加えれば、三一〇〇人以上となります。ここには一九四四年一〇月から一九四五年度の動員者や在留朝鮮人で現員徴用された人、数百人が入っていません。それを加えれば四〇〇〇人ほどになるでしょう。

また、石炭統制会の統計史料では、一九四四年一二月の高島（高島・端島）の朝鮮人の現在員数を一九一四人としています。長崎にある三菱の崎戸炭鉱は三〇〇二人と記されていますが、この崎戸炭鉱には約六〇〇〇人が連

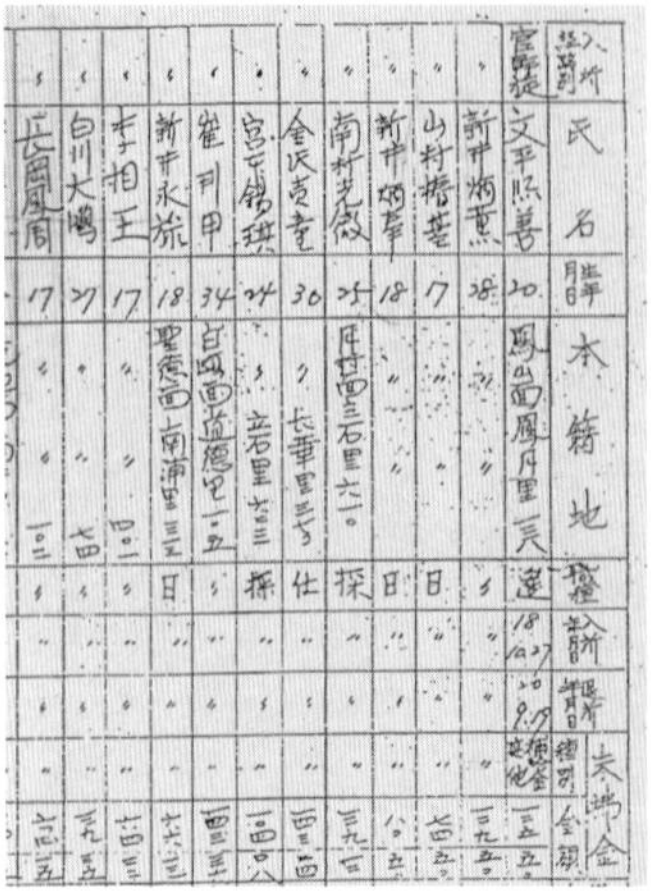

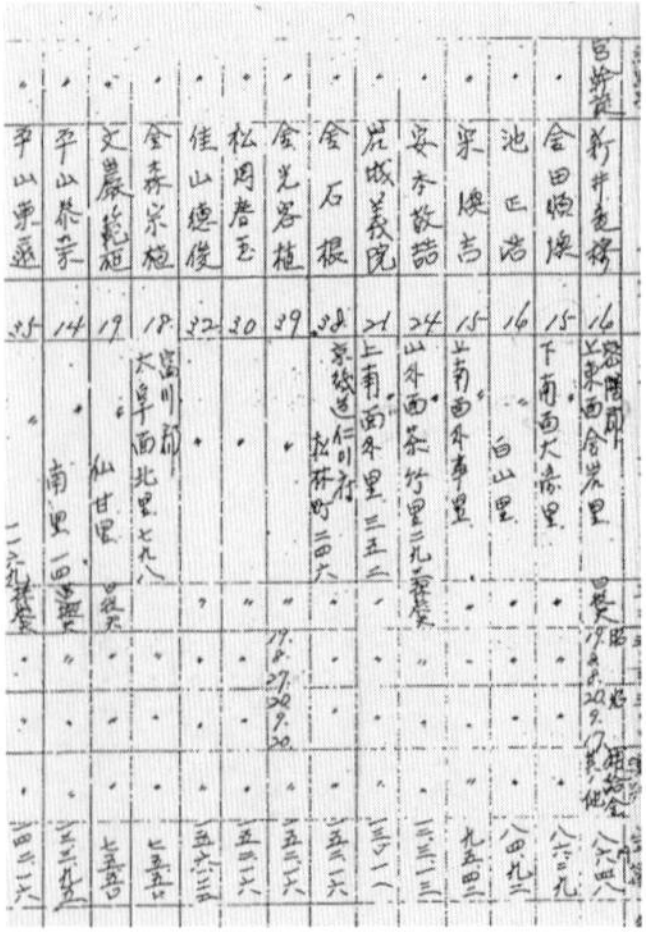

上　1943 年 10 月全北金堤から連行
中　1944 年 8 月京畿仁川・富川から連行
下　1945 年 1 月全南順天から連行

行されています。現在員の二倍ほどが連行されているわけです。このような動員状況からも、高島も同様に一九一四人の倍の人数、約四〇〇〇人が動員されたとみることができると考えます。

このように、統計史料から、一九三九年から四五年の高島炭鉱（高島・端島）への朝鮮人動員数を四〇〇〇人と推定しているわけです。

厚生省勤労局「朝鮮人労務者に関する調査」の長崎分にある高島炭鉱の名簿からは、一九四二年から四五年までに高島・端島に動員され、八・一五までに残留していた朝鮮人一二九九人分の氏名・本籍・未払い金額などがわかります。

この三菱による報告数一二九九人は、帰国者数だけを動員数として報告するという不十分なものですが、約一三〇〇人の集団的な動員の具体的な状況をつかむことができます。

この長崎分の名簿は高島の集計表と名簿とが分離していたために、当初、名簿の事業所名が不明でした。端島に連行された証言者の創氏名が複数、名簿に掲載されていることから、高島（高島・端島）分と

三菱高島炭鉱への朝鮮人強制連行(厚生省名簿)

連行年月日	主な出身郡	8.15在籍者数	退去日
1942.8.16	忠北槐山88 他2	90	8/26
9.5	忠北清州63	63	8/26
10.18	黄海延白35平山4 他18	57	8/26
10.31	黄海碧城52 他7	59	8/26
12.10	全南光州39 他6	45	8/26
1943.1.22	全南和順86咸平64霊巌15	165	9/20・24
1.26	全南和順23宝城25 他1	49	9/12・20
5.22	黄海信川86載寧5碧城4 他12	107	9/12・16
8.12	全南長城34高興14 他1	49	9/19・24
10.17	全北完州20 他1	21	9/19
10.27	全北金堤121 他4	125	9/19
1944.1.17	慶南晋州52晋陽5 他12	69	9/11・24
1.30	慶南南海21	21	9/19・24
5.19	慶南咸陽49	49	9/19・24
7.2	慶南宜寧23	23	9/17
8.8	慶南密陽14	14	9/17
8.13	京畿楊州22高陽4京城4 他11	41	9/20
8.27	京畿富川13開城7仁川4	24	9/20
1945.1.19	全南順天92	92	9/24
2.24	全北井邑101 他1	102	9/21
3.27	全北益山17忠北堤川12他5	34	9/24
計		1,299	

(註)
厚生省勤労局報告書長崎県分高島炭鉱名簿から作成。逃亡者や死亡者の記載はない。8.15以後も在籍して解雇された人々だけを記載。1939年から42年7月までの連行者についての記載はない。

三菱高島炭鉱・未払金

種 別	金額(円.銭)	備 考
置去金・賃金残金	17,452.57	鉱業所保管
〃 退職慰労金	47,128.50	〃
〃 債券	15,070.00	〃
家族手当	62,295.00	〃
基本補給	23,736.03	統制会負担
別居手当	18,000.00	〃
期間延長手当	5,400.00	〃
家族慰問金	21,600.00	〃
統制会支給特別手当	13,530.00	〃
一般援護金	550.00	〃
合 計	224,862.10	

厚生省勤労局報告書長崎県分三菱高島炭鉱分の表から作成。朝鮮人の未払金を示す。

判明しました。動員状況は左の表のようになります。一九四二年には忠清《チュンチョン》道、黄海《ファンヘ》道、四三年には全羅《チョンラ》道、黄海道、四四年には慶尚《キョンサン》道、京畿《キョンギ》道、四五年には全羅道などから集団的動員があったことがわかります。これらは政府と企業の動員計画による動員であり、強制性をともなうものでした。一七・一八歳の青年も集団連行され、なかには一四歳の少年もいました。

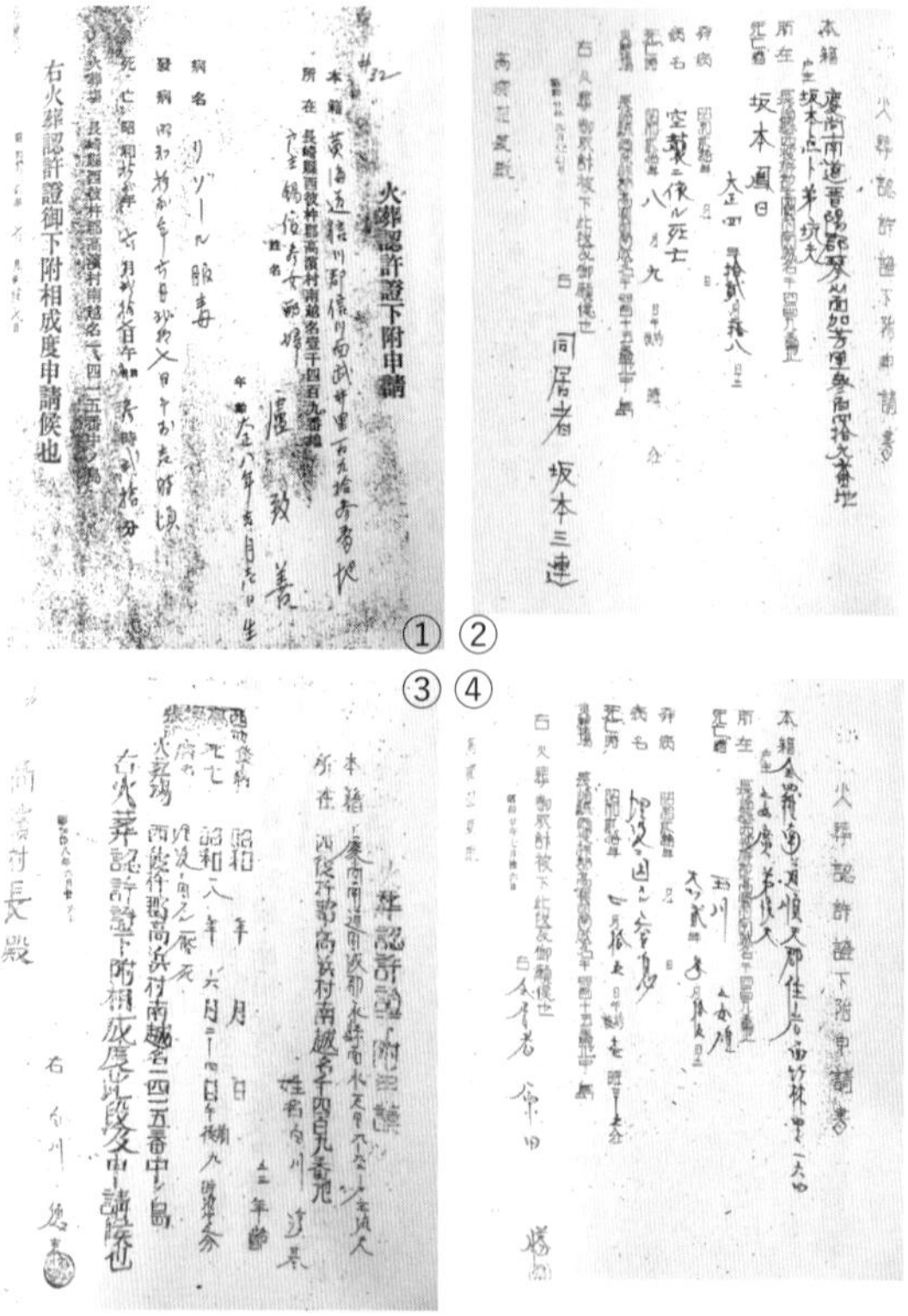
火葬認許證下附申請
右火葬認許證御下附相成度申請候也

①「酌婦」の自死
② 8.9 空襲死
③ 埋没圧死
④ 埋没窒息

(2) 史料を読む2 高島（高島・端島）での死亡状況

ではつぎに、高島での死亡状況について「火葬認許証下附申請書」（『戦時外国人強制連行関係史料集Ⅱ朝鮮人1下』一九九一年所収）からみてみましょう。この史料は、端島での一九二五年から四五年までの日本人、朝鮮人、中国人の死亡者の書類です。子どもも含まれています。

端島では、一九三九年までに朝鮮人労働者は五〇人以上が、落盤による圧死、窒息、ガス爆発、病死などで死亡しています。さらに、連行期の一九三九年から四五年にかけても朝鮮人労働者五〇人ほどが死亡したことがわかります。

一九三九年から四五年までの朝鮮人の死亡状況は以下の表のようになります。火葬認許史料から、埋没圧死、埋没窒息、頭蓋骨骨折など採炭現場での事故によって死亡したことがわかります。

坂本鳳日は八月九日に空襲により死亡していますが、他の史料から長崎刑務支所で被爆死したことがわかります。

典拠に1の数字の記載があるものは端島での死者です。高島の二子坑などでの死者はいまも不明のものが多いのです。高島分の不明者を入れれば、亡くなった朝鮮人は一〇〇人近くになるでしょう。これらの死者の氏名は、高島炭鉱が戦後、厚生省勤労局に出した名簿には含まれていません。

端島や高島には、女性が炭鉱用の「慰安婦」として連行されました。一九三九年三月の段階で、日本人も含めて端島二七人、高島四九人の女性がいましたが（『炭坑誌』）、そこには朝鮮の女性もいました。現地では「朝鮮ピー」と呼ばれたようです。

高島炭鉱朝鮮人死亡者名簿

死亡年月日	氏名	生年月・歳	出身郡等	死因	宿主・同居等	典拠
1939.3.28	金弼壽	24	晋州	病	巌龍甲	1
4.13	金東起	1919.6	固城	圧死	巌龍甲	1
7.17	鄭興道	28	晋州	病	巌龍甲	1
8.24	崔武烈	27	固城	溺死		1
12.4	金又龍	32	固城	頭打撲	巌龍甲	1
11.14	朴義相	32	山清	胸打撲		1
1940.5.1	崔守龍	43	晋州	脳脊髄損傷	巌龍甲	1
6.24	郭鳳伊	45	達城	病	巌龍甲	1
3.4	李任逑	36	咸安	外傷（右肺）	李斗雨	1
12.27	金英大	23(21)	固城	破傷風	李斗雨	1・2
1941.3.	曺龍業	19	密陽	労災		2
7.6	李在讃	52	釜山	病		1
8	金在顕	25	金海	労災		2
8.25	ト山泰寿	36(35)	金海	外傷（胸）	岩本幹	1・2
11.8	陳大名	31(30)	金海	埋没窒息	岩本幹	1・2
1942. 2.18	表相萬	32	固城	埋没窒息		1・2
3.13	裵点道	23(22)	固城	頭蓋骨骨折		1・2
12.6	武木在守	46	金海	病	岩本幹	1
1943.2.3	李利實	47	—	病	岩本幹	1
5.10	高山文澤	26	済州	埋没窒息	金原信一	1
5.18	国本相哲	33	江華	病		1
6.24	李又福	31	固城	埋没圧死	中川熊助	1
6.24	白川淳基	53	固城	埋没圧死		1
7.7	高原大成	26	清州	埋没窒息	岩本幹	1
7.13	李明五	31	—	埋没窒息	岩本幹	1
7.24	張明煥	23	忠州	病	岩本幹	1
12.19	陳道俊	54	統営	病	岩本幹	1
12.28	崔洛相	24	晋陽	埋没窒息	金原信一	1
1944.1.15	李海成	26	堤川	埋没圧死	岩本幹	1
1.15	呉本秀萬	44	碧城	埋没窒息	金原信一	1
1.24	金光萬吉		咸平	病	岩本幹	1
3.5	高島陽元	28	信川	外傷（脳）	金原信一	1
6.6	李王完玉	22	金堤	溺死	金原信一	1
8.4	平岡相哲	37	咸平	病	金本斗明	1
8.10	岩本判石	27	達城	埋没窒息		1
9.4	金本興守	38	金海	埋没窒息	岩本幹	1
11.5	徳山性一	46	務安	埋没窒息	庄司倉吉	1
11.20	山内奉禧		信川	病	金原信一	1
11.22	大江順基	24	金海	病	岩本幹	1
12.3	鄭文根	31	晋陽	病	金原信一	1
1945.1.1	谷川仁イ夭		晋陽	病		1
4.12	林裁鳳	1918.1	清州	埋没	岩本幹	1
4.24	金山鉄鎬	1925.12	光山	肺浸潤		1
6.30	永田月福	1906.2	論山	病	庄司倉吉	1
7.15	趙再燮	1913.3	順天	埋没窒息	原田勝	1
8.9	坂本鳳日	1915.12	晋陽	原爆死（刑務所）		1・3
8.11	岩本三龍	1919.4	密陽	8/9発病、（土木）		1
8.17	長原昌周	1922.11	大邱	病（敗血）請負業	金原信一	1
8.24	徐己得	1911.3	晋陽	戦災火傷		1
9.10	岩本鐘烈	1901.9	梁山	病	岩本圭澤	1
10.16	金本東植	1922.9	務安	病	松本他人	1
11.4	宮田海應	30	清州	病	松本他人	1

典拠1高浜村「火葬認許証下附申請」書類
2大日本産業報国会『殉職産業人名簿』
3長崎市「長崎朝鮮人被爆者一覧表」

端島の診療所で代診した金圭沢《キムグテク》は、端島の三一号棟近くに森本・本田・吉田（朝鮮人）経営の三軒の店があり、吉田屋から朝鮮人女性九人が受診にきたと話しています（『死者への手紙』）。

一九三七年、端島で「酌婦」とされた朝鮮人女性が「リゾール」（クレゾール）を飲み自殺しています。届出人は本田伊勢松となっています。本田は長崎県会議員から戦時下、高浜村長になった人ですが、本田屋の経営者でした。このように連行されて亡くなった女性の視点から、歴史を描くことができればと思います。

(3)　証言に学ぶ　強制連行・強制労働の実態

つぎに高島炭鉱に連行された朝鮮人の証言から強制連行・強制労働の実態をみてみましょう。

強制連行による集団的な動員がはじまるころ、一九三九年の夏に一般募集により高島で労働した朝鮮人の証言をみてみましょう。

韓英明《ハンヨンミョン》（大邱出身）は一九三九年夏に長崎で「八時間労働・日給四円」の「募集」に日本人名で応じました。韓は当時一六歳、小船で高島に連れて行かれ、二〇人ほどの日本人飯場に入れられました。飯場は藁敷きの土間、坑道で石炭を積む仕事をさせられました。親方は一〇銭・二〇銭と書き込んだ紙切れを渡しました。負傷しても抜糸もしないうちに仕事、逆らえば殴られ、逃亡して発見されればリンチを受ける現場でした。拷問による悲鳴や呻き声が飯場にまで聞こえました。飯場の出口は監視されていました。一九四〇年の秋、韓は三人で丸太につかまって香焼まで泳ぎ、脱出したといいます（『娘・松坂慶子への「遺言」』）。

このような労務管理のなかで強制的な動員がはじまっていくわけです。数多くの証言があります。

一九三九〜四二年の連行については、李任述《イイムグ》（咸安、遺族）、表相萬《ピョサンマン》（固城、遺族）、崔洛相《チェナクサン》（晋陽、遺族）、劉喜亘《リュフィグン》（在日、吉田飯場）、南武岩《ナムムアム》（慶北）らの証言があります。

一九四三年～四五年の連行については、尹春基《ユンチュンギ》（金堤）、崔璋燮（益山）、田英植《チョンヨンシク》（井邑）、朴準球《パクジュング》（順天）、金東植《キムドンシク》（務安）、徐正雨《ソジョンウ》（宜寧）、姜道時《カンドシ》（昌原・サハリン塔路炭鉱から転送）・金永吉《キムヨンギル》（求礼・同）らの証言があります。

ここでは、尹春基の証言をみてみましょう。

尹春基は、一九四三年、一七歳のときに全羅北道金堤郡から端島へと連行されました。金堤郡からは二〇〇人が連行され、釜山で計六〇〇人となり、そのうち一〇〇人が長崎へ送られ、五〇人が端島へ連行されました。朝鮮人は病棟裏の「三階」の建物に入れられ、尹は一番下の階の部屋に入れられました。賃金の三分の一は強制貯金され、三分の一は故郷への送金とされましたが、帰国してみると送金されていませんでした。食事はさつまいもや外米飯と汁、イモをのぞくと、飯はスプーン三杯程度でした。一日三交替で、低い天床の下で働かされました。三人一組で、一日のノルマはトロッコ一〇台以上でした。同じ村の李は餓死し、それを知らせる手紙を書くと、端島の派出所へと拘留されました。帰国の際に五〇円を支給され、闇船を買い、馬山の港に着きました（『百萬人の身世打鈴』）。

尹春基の創氏名は、「朝鮮人労務者に関する調査」の長崎分の高島炭鉱名簿にあります。

ほかにも数多くの証言があり、韓国の真相糾明委員会の活動で得られた証言に詳細なものがあります。サハリンの炭鉱から高島炭鉱に転送された金致龍《キムチヨン》、孫龍岩《ソンヨンアム》、鄭福守《チョンボクス》、文甲鎮《ムンカプチン》、黄義学《ファンウィハク》の証言が委員会編集の『残酷な別れ』に収録されています。孫龍岩は一九四三年に警察によって捕らえられ、サハリンの三菱系の炭鉱に送られ、一九四四年に高島炭鉱に転送されています。孫は「殴られた。話を聞かないと叩き、切りがない…。とにかく殴る。係りや先山の下で仕事するんだけど、奴らは気にいらないと叩き、ののしり、足で蹴った。」と話しています。

(4) 現地を歩く・フィールドワーク地図

史資料を読み、証言から学ぶだけでなく、現地を歩き、当時の状況について思いを馳せることが大切です。

現地調査をおこない、フィールドワーク用に地図を作成しました。

高島の主な炭鉱史跡をみてみましょう。

炭鉱関係の追悼碑をみれば、多数の労働者が亡くなった歴史を反映して、三菱炭礦時代法界萬霊塔（一八九二）、蛎瀬礦罹災者招魂碑（一九〇六）、千人塚・供養塔（一九二〇）などの碑があります。

朝鮮人の歴史を示すものには、安藤翁公徳謝恩碑（一九二一）、岩崎平先生記念碑（一九四〇）、三菱慰霊碑

高島炭鉱　高島新坑・二子坑（1945年頃）

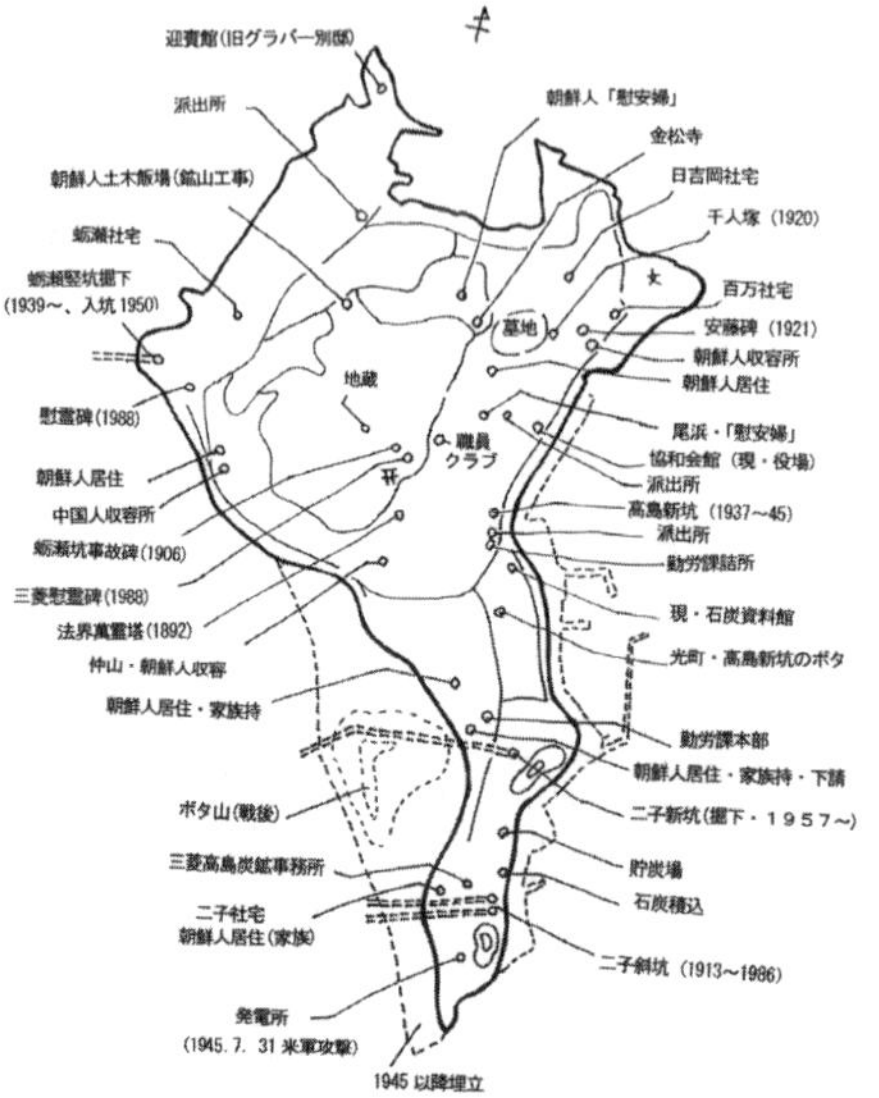

高島炭鉱　端島坑（1945年頃）

太線の建物は閉山まで使用されたもの

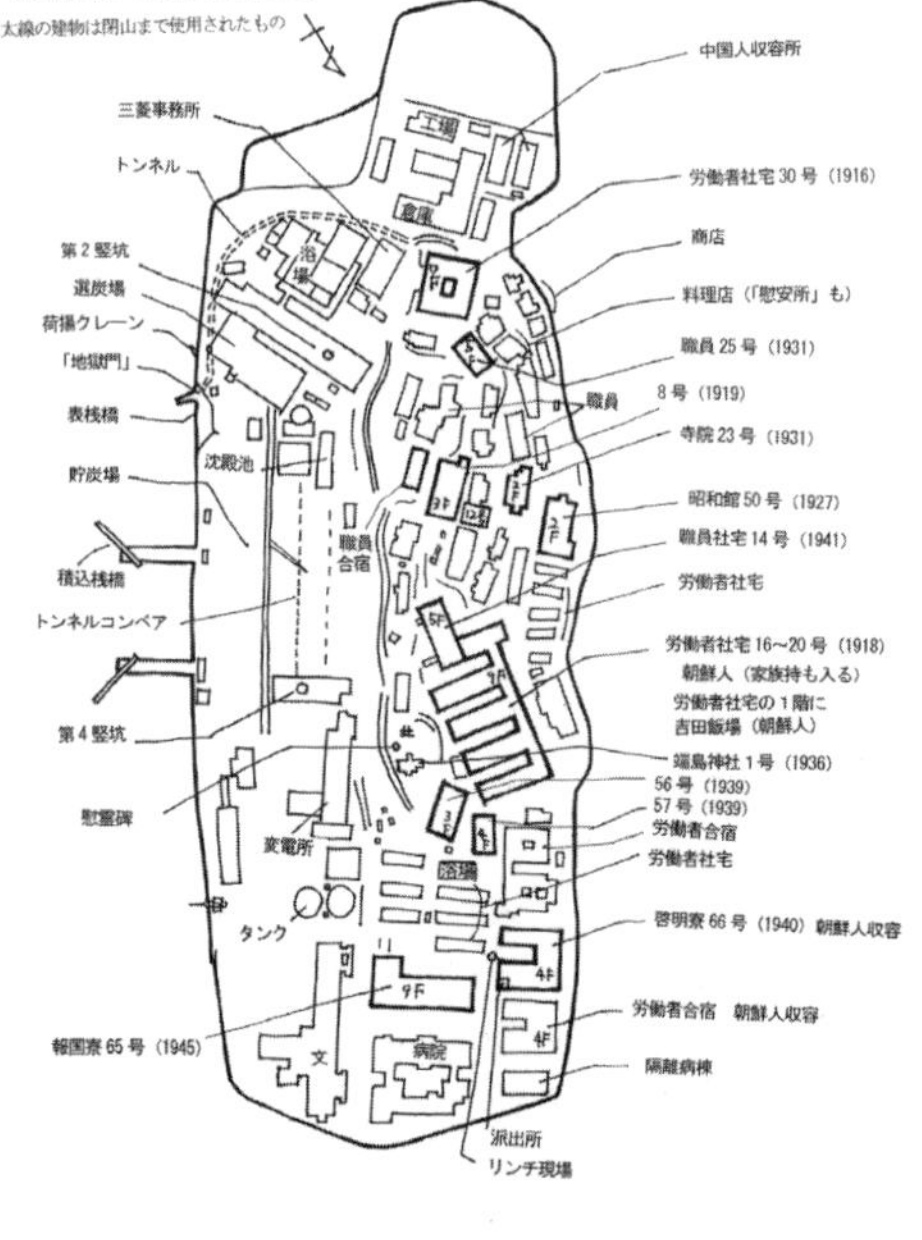

「調査・朝鮮人強制労働①炭鉱編」所収

北渓井坑跡

１９１３年社章

二子坑跡

供養塔

安藤謝恩碑

朝鮮人収容地

中国人収容地

慰安所跡

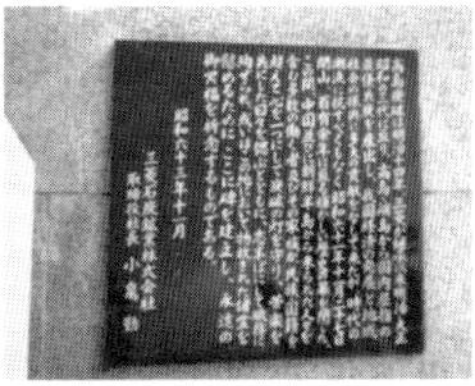
三菱の碑１９８８年

（一九八八）があります。安藤翁公徳謝恩碑、岩崎平先生記念碑は劣化していますが、三菱が復刻した碑から、その内容がわかります。

安藤翁公徳謝恩碑には、三菱が一九一七年から「鮮人労働者募集」をおこなったこと、監督者安藤に「在島鮮人一般ノ感銘」といった文字が刻まれていました。

岩崎平先生記念碑は、「内鮮一体」「出炭報国」の下、高島訓練所長岩崎平の教育を、動員された三〇〇人の寮生が讃えるというものです。

三菱慰霊碑の碑文は、その後、壊されましたが、建設時の写真資料をみると、碑文に「中国並びに朝鮮半島から来られた人々を含む多数の働く者及びその家族が、民族・国籍を超えて心を一つにして炭砿の灯を守り、苦楽を共にした日々を偲ぶとともに、志半ばにして職務に殉じられ」とあります。戦時に強制的に動員したことへの反省や謝罪はみられません。一九八八年の時点での三菱の歴史認識が示されています。

高島で世界遺産とされた場所は洋式の立坑である一八六九年の北渓井坑跡です。世界遺産の期間を一九一〇年までとすると、高島の主要な炭鉱遺跡は除かれてしまいます。また、事故による労働者の死者も多かったのですが、産業遺跡のみが登録され、労働者に関する追悼碑は除かれています。

一九一〇年までの産業化を賛美する「明治日本の産業革命遺産」の物語は、高島炭鉱をめぐる歴史の一部を切り取ったものにすぎません。

高島には、一九一〇年以降の高島新坑跡、二子斜坑跡、蛎瀬立坑跡、貯炭場跡

1938 年頃の端島炭鉱

1938 年頃の端島炭鉱

地獄門

排出用坑口

朝鮮人収容所

料理店（慰安所）跡

中国人収容所跡

端島神社鳥居 1927 年

慰霊碑

南越名の碑

死者を火葬した中之島

などがあります。「明治日本の産業革命遺産」にはこれらの炭鉱史跡の解説はありません。

高島の炭鉱関連として、協和会館跡、勤労課詰所跡、金松寺、朝鮮人収容地跡、中国人収容地跡、「慰安所」跡などを見て歩くことができます。

端島の炭鉱史跡についてみてみましょう。

端島全体が「明治日本の産業革命遺産」に登録されたのではありません。登録されたのは明治期の坑口と明治期の護岸などです。明治期の護岸の多くがその後にコンクリートで覆われています。端島に存在する建物のほとんどが一九一〇年以降のものです。一九一〇年までという物語が、端島のほとんどの建築物を世界遺産から除外することになりました。

上陸する地点には、積込桟橋跡、地獄門などがあります。端島には、選炭場跡、第二立坑跡、啓明寮・朝鮮人収容所、中国人収容所跡、料理店跡、慰霊碑、労働者社宅建物（吉田飯場跡）、報国寮などがあります。中之島で遺体が焼かれました。

端島対岸の野母崎町南古里には「南越名海難者無縁仏之碑」があります。戦後、端島から逃走し、溺死したとみられる四人の遺骨がここで発掘されました。

長崎市内の平和公園の朝鮮人追悼碑、平和資料館なども、関連施設です。

(5) 歴史の歪曲・否定を問う

まとめとして歴史認識をめぐる問題について話します。

「明治日本の産業革命遺産」の世界遺産の登録は日本政府、官邸主導ですすめられたのですが、それは幕末の一八五〇年代から明治末期の一九一〇年で終わるという産業化賛美の物語です。萩の城下町や松下村塾がこの産業革命遺産に入れられているのは、吉田松陰が産業日本の志を育てたという物語によります。その物語は、サムライによる産業化への試みを評価し、テクノロジーは日本の魂と賛美するものです。

この物語は資本形成の視点で構成されています。労働者の視点や戦争による植民地支配、賠償金獲得などの国際的な視点はありません。ユネスコ理念は人権と平和の形成であり、世界遺産は人類の普遍的価値の形成のためにあるのですが、「明治日本の産業革命遺産」にはそのような人権と平和への言及はなく、産業化を賛美し、観光資源として宣伝するものです。それは、負の歴史が示されない一面的な物語です。「日本スゴイ!」の宣伝であり、はやりの表現を使えば、「日本ファースト」の物語です。それでは隣国の人々の共感を得ることにはならないでしょう。

日本政府は二〇一五年の世界遺産の認定に際し、朝鮮人などが、「意思に反して連れてこられ」「厳しい労働の下で働かされた」が、後にそれは「強制労働ではない」と説明しました。

では、三菱の歴史認識はどうでしょうか。

一九八六年に三菱高島炭鉱は閉山し、翌年七月、三菱は高島の千人塚の地下納骨堂の端島分を含む遺骨を処分しました。一九九一年、端島韓国人犠牲者遺族会は三菱に対し遺骨の返還を求めましたが、三菱は、死亡者名簿・遺骨の所在は不明、事実関係が明らかにされておらず、当社の責任については言及することはできないと回答しています。

三菱鉱業の後継会社である三菱マテリアルは二〇一五年になって、戦時の強制労働について連合軍捕虜に謝罪し、二〇一六年には中国人と和解し、謝罪と賠償に応じましたが、朝鮮人については強制労働を認めようとしません。戦後、七〇年を経たいまも朝鮮人強制労働を認めようとしないのです。

被害を受けた韓国の側はそのような日本政府と企業の対応を批判しています。日本政府と企業は強制労働の事実を認めるべきです。一方、韓国側の主張にも事実誤認がいくつかあります。

たとえば、二〇一三年一一月五日、韓国の東亜日報は『調査・朝鮮人強制労働①炭鉱編』を書いた竹内は高島炭鉱に三万九〇〇〇人の動員を把握したと報道しました。わたしは高島炭鉱には推定四〇〇〇人の動員と書いているのですが、三万九〇〇〇人とされました。さらに韓国政府は二〇一五年の「明治日本の産業革命遺産」の登録時、高島炭鉱への強制動員を四万人と宣伝しました。この四万人説を訂正したという報道はありません。

二〇一五年五月一四日、韓国の中央日報は「六〇〇人連行された端島炭鉱…病気・変死・事故で一二二人死亡」と報道しました。戦時下の一九三九年から四五年までの端島への動員数は千数百人とみられ、端島には常時朝鮮人が六〇〇人ほど収容されていました。記事の死者一二〇人は一九二五年から四五年にかけての子どもを含む朝鮮人の死亡者数です。戦時の朝鮮人の死亡者数は判明分で五〇人ほどです。

このような誤報が訂正されることなくコピーされ、二〇一七年七月にはニューヨークで、端島で六〇〇人が強制労働させられ、一二〇人が殺されたという映像宣伝となりました。

資料分析が十分になされないままの間違った宣伝が、韓国の政府・マスコミなどによって流布されています。それは糺されるべきです。

一九九〇年代に多くの戦争被害者の証言がありました。その証言から学んだことは、強制動員者の尊厳を回復できるような、被害者が歴史の主人公になるようなものを記すということでした。長崎で人権運動と強制労働の調査をすすめ、最近亡くなった高實康稔はサンテグジュペリやレジスタンス文学の研究をしていました。みえないものを伝えるということ、ひとりひとりの命、ひとりひとりの人間愛、ひとりひとりのつながり、生命の重さ、人間愛、連帯感もまたみえないものであり、大切にしなければならないものです。

戦争をすすめる国家はそのように大切なものを破壊することで、動員をすすめました。批判的な想像力を持ち、被害者の視点に立ち、そのような動員政策とその下での人間の状況を記していきたいと思います。


東京大学総合文化研究科グローバル地域機構韓国学研究センターでの講演記録（二〇一七年七月九日）に加筆。

高島炭鉱（高島・端島）の強制労働についでは長崎でのウェブ講演を『長崎県・朝鮮人強制労働　その歴史否定を問う』（二〇二一年）にまとめました。そこで崔璋燮の「自叙録」や動員期以前の端島の朝鮮人労働者の名簿なども関係資料として掲載しています。

2　長崎の庭園・公園の追悼碑

二〇二一年一一月一四日、長崎市郊外の蚊焼にある平和庭園で「日中友好平和不戦の碑」の完成式がもたれました。

三菱鉱業、現在は三菱マテリアルに社名が変更されていますが、戦時中は朝鮮人、中国人を強制労働させ

右上　日中友好碑の裏面、三菱は歴史的責任を認知
右下　連行された中国人全員の氏名を刻む
左　　日中友好　平和不戦の碑

ました。三菱鉱業による中国人強制連行者数は全国各地で三八〇〇人ほどであり、長崎県では高島、端島、崎戸の炭鉱に連行しました。連行数は高島二〇五人、端島二〇四人、崎戸四三六人であり、九四人が死亡しています。死者の内訳は高島一五、端島一五、崎戸六四人です。

　動員された中国人被害者と遺族は二〇〇三年に裁判を起こし、長崎の市民が支援しました。二〇〇八年には長崎の平和公園に中国人原爆犠牲者の追悼碑が建てられました。現場で抵抗した中国人が治安維持法違反などの容疑で捕えられ、浦上刑務支所に収容され、被爆死したからです。二〇〇九年、最高裁は上告を不受理とし、原告が敗訴しました。しかし問題解決にむけて三菱マテリアルと交渉を続け、二〇一六年に和解を成立させました。

　この和解により、高島が遠望できる丘に「日中友好平和不戦の碑」が建設されたのです。碑は同日に開園した「本島等・高實康稔記念平和

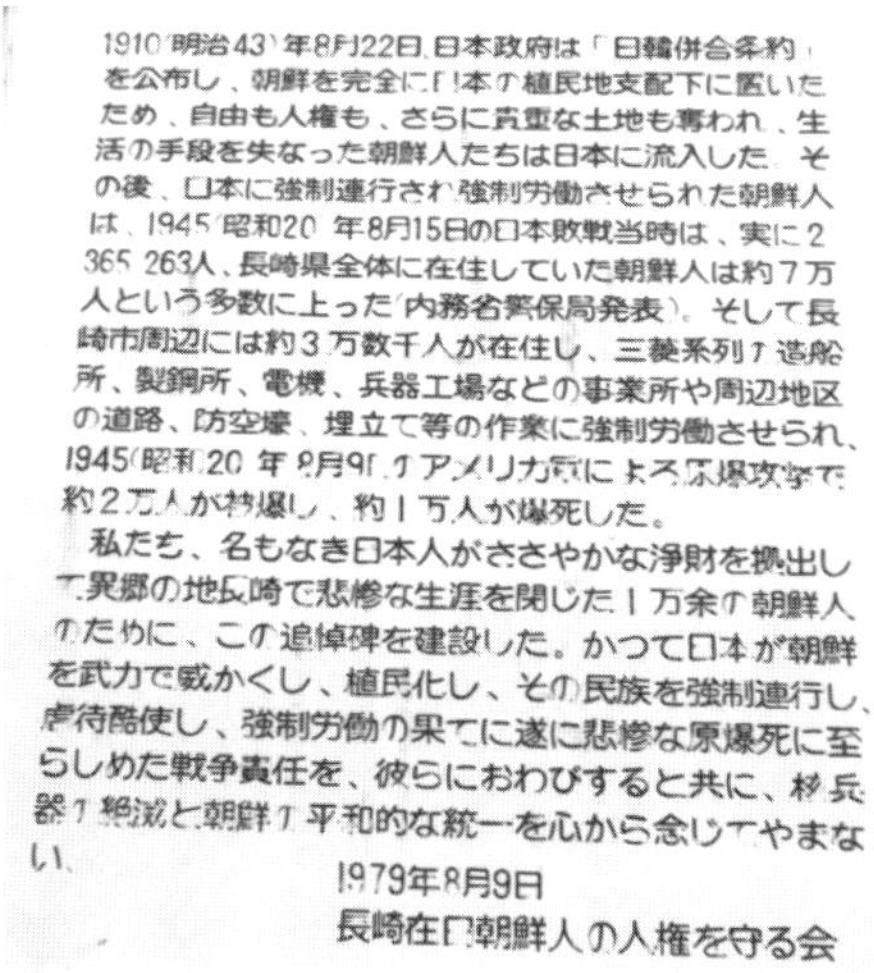
1910(明治43)年8月22日、日本政府は「日韓併合条約」を公布し、朝鮮を完全に日本の植民地支配下に置いたため、自由も人権も、さらに貴重な土地も奪われ、生活の手段を失なった朝鮮人たちは日本に流入した。その後、日本に強制連行され強制労働させられた朝鮮人は、1945(昭和20)年8月15日の日本敗戦当時は、実に2,365,263人、長崎県全体に在住していた朝鮮人は約7万人という多数に上った(内務省警保局発表)。そして長崎市周辺には約3万数千人が在住し、三菱系列の造船所、製鋼所、電機、兵器工場などの事業所や周辺地区の道路、防空壕、埋立て等の作業に強制労働させられ、1945(昭和20)年8月9日、アメリカ軍による原爆攻撃で約2万人が被爆し、約1万人が爆死した。

私たち、名もなき日本人がささやかな浄財を拠出して異郷の地長崎で悲惨な生涯を閉じた1万余の朝鮮人のために、この追悼碑を建設した。かつて日本が朝鮮を武力で威かくし、植民化し、その民族を強制連行し、虐待酷使し、強制労働の果てに遂に悲惨な原爆死に至らしめた戦争責任を、彼らにおわびすると共に、核兵器の絶滅と朝鮮の平和的な統一を心から念じてやまない。

1979年8月9日
長崎在日朝鮮人の人権を守る会

追悼・長崎原爆朝鮮人犠牲者の碑文

庭園」のなかにあります。碑の横には高島、端島、崎戸に連行された中国人全員の氏名が刻まれています。

碑文には、中国人「強制連行」により、三菱鉱業とその下請け会社が三七六五人を受け入れ、「劣悪な条件下で労働を強いられ」、七二二人が亡くなったこと、長崎では高島、端島、崎戸に八四五人が「強制連行」され、九四人が亡くなったこと、三菱マテリアルはその人権侵害の「歴史的事実及び歴史的責任」を認め、反省と謝罪、哀悼の意を表明したこと、「歴史・人権・平和」基金を創設し、その事業により碑を建立した旨が記されています。

このように三菱マテリアルは中国人強制連行については事実を認め、謝罪し、哀悼の意思を示し、碑に刻みました。朝鮮人についても同様の対応を取るべきでしょう。

長崎市の平和公園には一九七九年に建立された「追悼　長崎原爆朝鮮人犠牲者」の碑があります。そこには「強制連行および徴用で重労働に従事中被爆死」と記されています。説明板には強制連行、強制労働について記されています。

二〇二一年、平和公園内に新たに「韓国人原爆犠牲者慰霊碑」が長崎韓国人原爆犠牲者慰霊碑建立委員会により建立されました。碑文には「労働者、軍人軍属として本人の意思に反して徴用・動員される事例が増え」、原爆により「同胞は、数千～一万人とも言われる命を奪われ」とあります。長

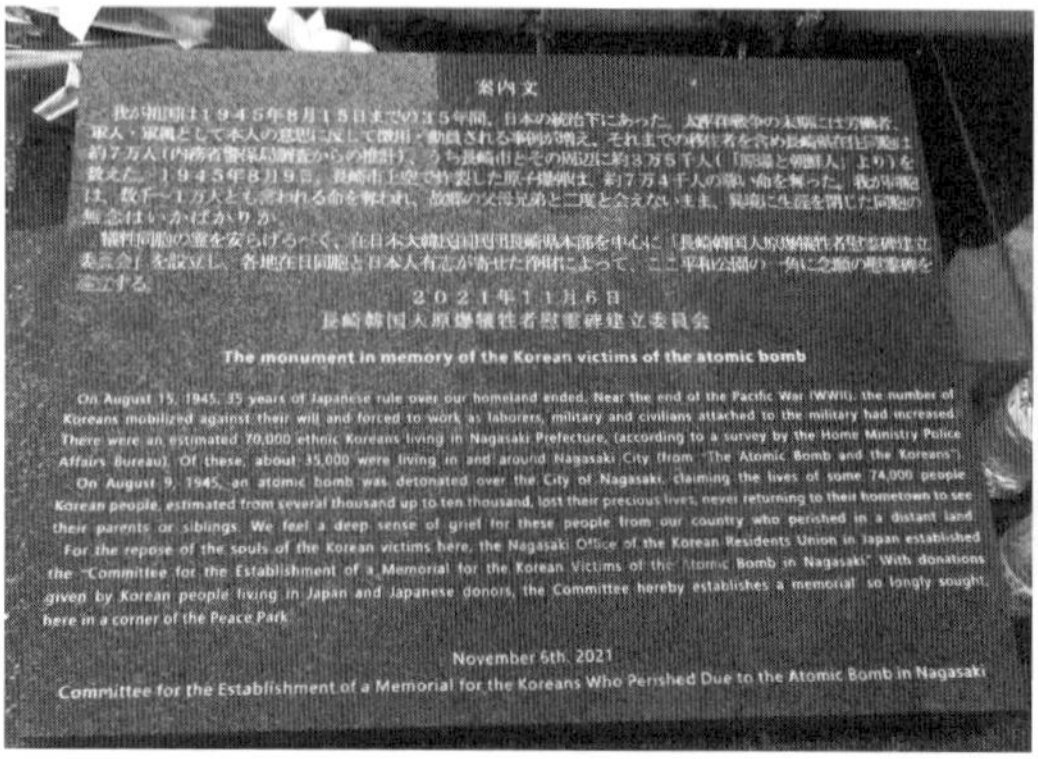

韓国人原爆犠牲者慰霊碑の碑文

崎市と碑文案での調整が長引いたのですが、市側が「強制労働」の用語を拒んだため、二〇一五年の明治産業遺産登録での「意思に反して連れてこられ」と同様の用語になったといいます。

日本政府が強制労働を認めようとしない対応に長崎市が忖度したようです。強制労働の事実を認めることが求められます。

この碑の近くには「福岡俘虜収容所第一四分所追悼記念碑」があります。この碑も二〇二一年に建立されました。碑には、平和、友情、自由の文字が刻まれています。説明板には、オランダ、オーストラリア、イギリス、アメリカなどの俘虜がのべ五三九人収容され、死者は一一三人とされています。碑はこれらの死者を追悼するものです。

俘虜収容所第一四分所は長崎市幸町にありましたが、捕虜は三菱重工業長崎造船所で労働を強いられていました。どこで労働を強制されたのかを示す必要があります。

笹本妙子「福岡第一四分所（長崎市幸町）」によれば、三菱重工業長崎造船所に連行された連合軍俘虜の状態はつぎのようです。

一九四三年四月に三菱重工業の幸町工場の敷地内に収容所が作られ、ジャワで捕虜になったオランダ兵三〇〇人（インドネシア系が六割）が収容されました。つぎに一九四四年六月、長崎沖で雷撃により撃沈された玉鉾丸の生存者約二〇〇人が収容されました。捕虜は収容所から長崎造船所に徒歩で往復し、溶接やリベット打ち、骨組み、修理、鋳造など労働を強いられました。労働中の死者も、クレーンの鋳型の落下、

リベット作業中の落下、船倉に転落などで三人出ています。監視員による暴力もありました。

一九四五年の六月ころに約二〇〇人が忠隈、大之浦、大峰など筑豊の炭鉱に転送されましたが、それまでに約一〇〇人が死亡しました。一九四三年から四四年にかけての肺炎の流行による死者が九〇人ほどいます。空襲で亡くなった捕虜も一人いました。四五年八月九日の原爆死が八人、負傷者が三〇から五〇人といいます。多くが放射線に被爆したはずです。捕虜は小ヶ倉寮に移動しました。

オランダ人の元捕虜ウイリー・ブッヘルは二〇一四年に被爆者手帳を取得し、造船所の訪問を希望しましたが、三菱は拒否しました。オランダ人の遺族たちが中心になって追悼碑の建立をすすめ、ここに建立されることになりました。遺族は三菱重工業にも協力を求めましたが、三菱は手紙の受け取りも拒否しました。三菱重工業の企業体質を象徴する出来事です。

明治産業革命遺産の解説や産業遺産情報センターの展示でも連行された中国人や連合軍捕虜に関するものが必要と思います。

（二〇二三年一〇月調査）

第3章　佐渡鉱山での朝鮮人強制労働

1　佐渡鉱山・朝鮮人強制労働

二〇二二年一月末、日本政府は「佐渡《さど》島の金山」をユネスコ（国連教育科学文化機関）の世界遺産候補として推薦すると表明しました。当初、韓国側の強制労働を巡る批判から見送りを検討していましたが、自民党内の国家主義集団「保守団結の会」などの圧力を受け、推薦に転じました。国家主義者は「国家の名誉に関わる事態」などと語り、世界遺産登録を「歴史戦」と位置づけます。そして、戦時に強制労働はなかったと喧伝していますが、朝鮮人の強制労働はなかったと歴史を否定できるのでしょうか。

(1)　「佐渡金山」はどのような鉱山ですか

歴史全体をみるならば、「佐渡金山」ではなく、佐渡鉱山と呼ぶべきと思います。佐渡の相川での採掘は一七世紀初頭とされ、鉱山は江戸幕府の直轄とされました。

明治政府は一八六九年に佐渡鉱山を官営とし、西欧技術を導入して経営をすすめました。一八九六年、佐渡鉱山は生野鉱山、大阪製錬所と共に三菱合資会社の所有となりました。その後、佐渡鉱山は三菱鉱業の経営となり、日本最大の金銀山であることから、三菱財閥に多くの利益をもたらしました。

戦時中には朝鮮人を動員し、一九四三年からは銅の採掘を主としました。戦後、三菱鉱業の金属部門は太平鉱業となり、さらに三菱金属鉱業から三菱マテリアルへと名称を変えました。

戦中の乱掘の影響や金の品位の低下により、佐渡鉱山は縮小され、三菱の子会社、佐渡金山は一九八九年に操業を停止しました。佐渡鉱山の跡は「史跡佐渡金山」とされ、三菱マテリアルの子会社ゴールデン佐渡が経営しています。

佐渡での四〇〇年ほどの採掘により、金七八トン、銀二三三〇トンを産出したといいます。

(2) 朝鮮人はどれくらい強制動員されたのですか

強制動員期の一九四三年六月に示された佐渡鉱山の「半島労務管理ニ付テ」によれば、一九四〇年二月から四二年三月までの二年間で、忠清南道の論山《ノンサン》・扶余《プヨ》・公州《コンジュ》・燕岐《ヨンギ》・青陽《チョンヤン》などから約一〇〇〇人を連行しています。

動員された朝鮮人は、山之神の社宅、第一、第三、第四相愛寮などに収容されました。四三年六月までに一五〇人ほどが逃亡しています。送還や帰国を合わせると四二%が現場を去っています。佐渡には連行された朝鮮人に同情し、船で逃亡を助ける人もいたのです。

佐渡鉱山への動員はその後も続くことになります。平井栄一の「佐渡鉱山史」(佐渡鉱業所、一九五〇年)は、「半島労務管理ニ付テ」と同様の数値をあげ、さらに一九四四年・四五年度に朝鮮人五一四人を動員したとします。

佐渡鉱山への朝鮮人動員数は一五〇〇人を超えるのです。

初期の動員者は逃亡や帰国によって減少しました。生産態勢を維持するには四四年、四五年度に新たな動員が必要でした。韓国での真相調査から、この時期、全羅北道の益山《イクサン》、忠清北道の清原《チョンウォン》、全羅南道の珍島《チンド》、慶尚北道の蔚珍《ウルチン》（当時は江原道）からの動員がわかります。

一九四五年には各地で地下施設が建設されますが、佐渡鉱山からも地下施設工事のために埼玉に一八九人、福島に二一九人の朝鮮人が派遣されました。そのため八・一五解放時に佐渡の現場に残っていた朝鮮人は二四四人でした。解放後、派遣された人びとが佐渡に戻り、朝鮮人の現在員数は五七〇人ほどになりました。

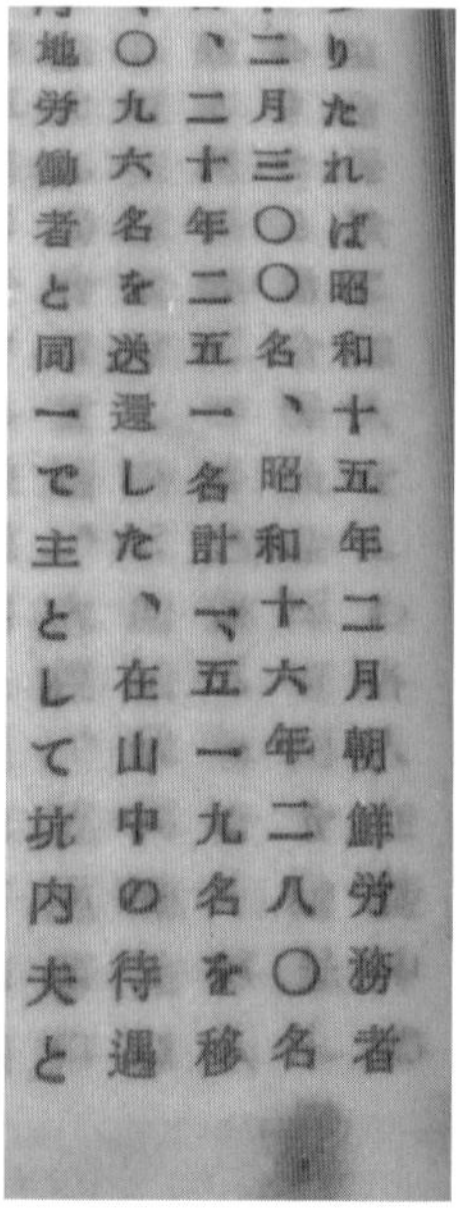
りたれば昭和十五年二月朝鮮労務者
二月三〇〇名、昭和十六年二八〇名
、二十年二五一名計〝五一九名を移
〇九六名を送還した、在山中の待遇
地労働者と同一で主として坑内夫と

平井栄一『佐渡鉱山史』

(3) 動員された朝鮮人はどのように管理されたのですか

佐渡鉱山への朝鮮人動員は政府の労務動員計画によるものであり、「産業戦士」としての動員でした。動員者は警察と企業により監視されました。職場を移動する自由は奪われ、「決死増産」の声の下、生命を賭けた労働が強制されたのです。

「半島労務管理ニ付テ」には、政府方針により「内鮮無差別」とするが、「民族性」により、「常ニ可成リ引締メテ行ク」と記されています。日本人としての「訓育」をし、作業能率をあげるとも記されています。朝鮮人を日本人化させ、増産態勢に組み込ませるが、朝鮮人であるから常に強く引き締めるというのです。これは民族差別によって統制し、強制したということです。

待遇については、与えるものは与え「締メル所ハ締メル」とし、勤務状況や性行が不良の者には「相当厳重ナル態度」で臨むとしています。これは暴力をともなう処罰によって管理したことを示すものです。

佐渡鉱山炊事場跡

動員された朝鮮人は坑内労働に集中的に投入されました。現場では増産が強要され、労務管理では暴力があり、強制貯金によっても拘束されました。自由な移動は禁止され、逃亡すれば、指名手配され、捜査対象となり、逮捕され、処罰されました。

強制労働とは、処罰の脅威の下に労働を強要され、自由意志によらないすべての労務をいいます。佐渡鉱山に動員されての労働は強制労働だったのです。

(4) 労務係の手記にはどのような記述がありますか

労務係だった杉本奏二の手記（書簡）には、「募集」に際し、募集人、募集希望地域、雇用期間、職種などを書いて提出した、希望地域での割当を得るために、総督府・道庁・郡庁関係者に「外交戦術」で接したとあります。

募集の方法については、面の係、警察方面への「外交」をおこない、官庁斡旋により、郡庁の労務係が面事務所の労務係を督促して人員を集め、警察が思想などの身元調査をおこない、渡航させたとしています。「外交」、つまり接待によって有利な「募集」をすすめたのです。それにより、第一回めの動員では、佐渡鉱山は忠清南道論山郡での動員割当の許可を受け、現地の行政・警察の協力をえて、集団動員をおこない、一〇〇人を駆り集めたのです。そして鉄道局釜山営業所に特別列車の用意を依頼したのです。

このように「募集」は、総動員体制下での政府の動員計画によるものであり、自由な労働契約ではなかったのです。

この手記には、「一方稼働の悪い連中に弾圧の政策を取り、勤労課に連れ来り、なぐるける。はたでは見て居れない暴力でした」とあります。また、「弾圧に依る稼働と食事に対する不満」は、ある時には一〇数

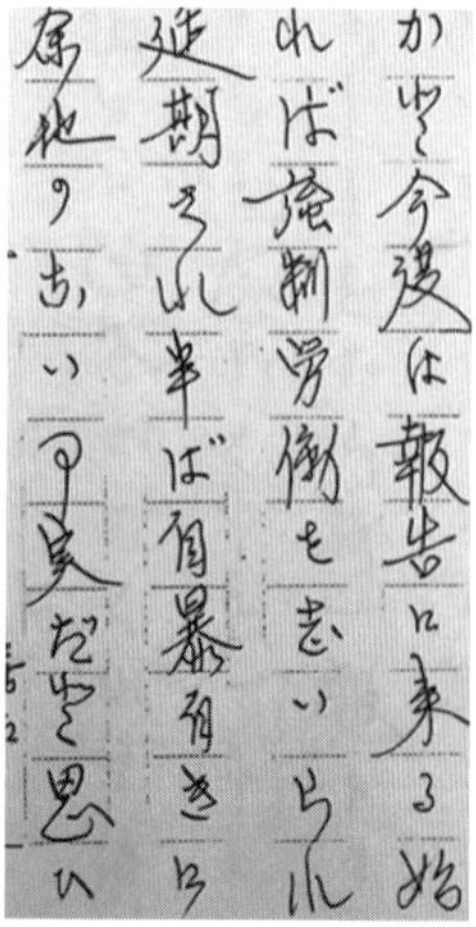

人一団となって逃亡することになったとしています。両津や鷲崎などから機帆船で逃走するため、船着き場に見張りを置いて警戒しました。

さらに「彼等にすれば強制労働をしいられ、一年の募集が数年に延長され、半ば自暴自棄になって居た事は疑う余地のない事実だと思います」と記しています。

そして、島外脱出の手引きをする友人の名前などは「如何なる弾圧にも遂に口を割らず」と記し、もっとも信頼していた家族持ちの班長が家族を友人に頼んで逃走したことにも言及しています。

このように、労務係の手記からも、暴力による労働の強制や労働期間延長の強制により、自由を求めて、逃亡が起きていたことがわかります。

(5) 動員された朝鮮人は抵抗しましたか

一九四〇年四月、論山から同年二月に動員された朝鮮人が、賃金が応募時の条件と異なるとし、賃金値上げを求めてストライキを起こしました（「労務動員計画に基く内地移住朝鮮人労働者の動向に関する調査」『思想月報』七九）。

四月一〇日の業務終了後、賃金が支払われたのですが。その額は朝鮮で道庁の内務課長や面職員が示した待遇条件とは劣るものでした。一一日、九七人全員が就労を拒否し、坑内夫の日本人労働者一九九人も坑内での就労を拒否しました。

一二日には朝鮮人四一人が坑口に連れていかれましたが、日本人労働者一一六人が入坑を拒否していました。朝鮮と日本の労働者は気勢を上げ、集団行動をしました。これに対し、警察が介入し、日本人二人、朝鮮人三人を検束しました。

警察側は鉱山側にも待遇改善を求め、鉱山側はその実現を検討しました。それにより、一三日、朝鮮人は就労しました。警察に首謀者とみなされた尹起炳《ユンキビョン》、洪寿鳳《ホンスボン》、林啓澤《イムゲテク》ら三人は本籍地の論山に送還されました。

鉱山側はこの争議の原因として、言語が通じないことからの「誤解」、「智能理解の程度が想像以上に低き為」に意思疎通が欠けたこと、募集現地の郡面関係者が坑内作業の内容の認識に欠け、労働条件への多少の「誤解」があったこと、二・三の「不良分子」の煽動に乗じて「半島人特有の狡猾性 付和雷同性」を現わしたことをあげています。そして「不良労務者」の「手綱」を「ゆるめざる管理」が必要としています（「半島人労務者ニ関スル調査報告」一九四〇年）。

このような表現は、鉱山側の朝鮮人に対する差別と偏見を示すものです。人間ではなく、牛馬のようにみていたのです。

(6) 佐渡から逃亡の事例はありますか

政府の労務動員計画で集団移入させられた朝鮮人は、警察と企業による監視の下で労働を強いられました。

樺太庁警察部の「警察公報」（五五一号、一九四一年一二月）には、「団体移住朝鮮人労働者逃走手配」の項があり、同年一一月に三菱佐渡鉱業所から逃亡した四人の朝鮮人の記事があります。そこに、月山玉同（趙玉同《チョオクドン》）、忠清南道論山郡光石《ガンソク》面沙月《サウォル》里、丈五尺四寸、色白・眉大・丸刈、鎬背広・ゴム靴などと記されています。サハリンにまで指名手配されたのです。

一九四一年一二月に労務調整令が公布され、指定業種での転職や退職は禁止されました。調整令指定の職場からの逃走は労務調整令違反とされ、処罰されたのです。

右　論山で証言する鄭炳浩、金周衡（1991年）
左　佐渡で証言する盧秉九（1992年）

一九四三年一月の「特高月報」の記事には、佐渡鉱山の朝鮮人労務者四人が、自由労務者に比べて賃金が低いことを理由に逃走を企画、朝鮮人古物商と二人の日本人漁夫に依頼し、発動機付漁船で逃走しようとしたが発見とあります。関係者は検挙、送局され、一月一一日に逃走朝鮮人二人に罰金四〇円の判決が出されました。あとの二人は再び逃走し、逃走の支援者は証拠不十分で不起訴処分とされました。

(7) 動員された朝鮮人の証言はありますか

兪鳳喆《ユボンチョル》は一九四〇年頃、忠清南道の論山郡恩津面《ウンジン》から動員されました。杉本（第三相愛寮）が「募集」に来ました。学校の校庭に集合させられ、一〇〇人が論山から釜山経由で佐渡に連行されました。第三寮に入れられたのですが、兄の病気を理由にして帰国しました。

盧秉九《ノビョング》は忠南青陽郡青陽邑出身、一九四一年に役場から佐渡鉱山に行くように命じられました。当初、金剛塾に入れられ、毎日朝晩、皇民化教育と技術訓練をうけました。寮長が教育を担当し、言うことを聞かないと「気合いを入れる」と言われ、殴られました。職場は削岩でした。坑内墜落事故、昇降機事故、漏電事故、発破事故で死亡した人がいました。解放によって帰還したのですが、後遺症で肺が悪く、咳がひどい状態でした。

申泰喆《シンテチョル》は全羅北道益山郡の龍安面《ヨンアン》から連行されました。動員から逃げて、家の納戸に隠れていたのですが、捕まってしまい、列車で護送され、麗水に到着、日本に送られました。ダイナマイトや手作業で鉱物を採掘する辛い仕事をしました。殴打され、耐えられずに自殺する人、酷い労働で疲れ切って倒れる人、逃亡して捕まり過酷に殴打される人もいました。一番辛いことは飯の量が少なくて、お腹が空いて一日一日を耐えるのがきつかったことです。二年の契約で行き、帰国しようとしましたが、二年延長するよう強

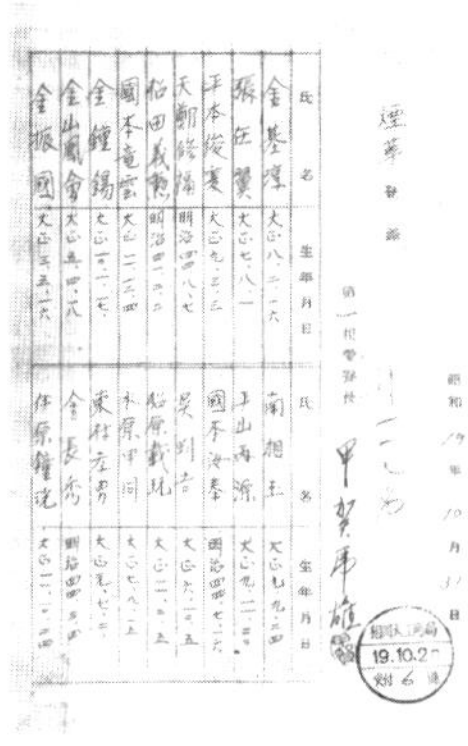

相愛寮煙草配給台帳の朝鮮人名簿

要されました。帰国後、後遺症があって農作業も円滑にできず、今思い出しても身震いする、他国で四年という地獄のような強制徴用の労務者生活だったといいます。

鄭炳浩《チョンビョンホ》は、全北の益山郡望城《マンソン》面から動員されました。区長から出頭命令を受け、同じ面から一〇人が連行されました。削岩の現場に配置され、四四年秋に、落盤で足を負傷し、二か月入院しました。帰国してみると、娘は死亡し、妻は行方不明になっていました。

金周衡《キムジュヒョン》は当時、益山郡望城面で農作業をしていました。一九四四年頃、一六歳でしたが、区長と募集係が望城面事務所に四～五人を集め、益山郡庁に連れて行きました。面の担当者は「一軒の家から一人は出せ」と命令し、拒めば兄を連れて行くと脅しました。逃げて捕まった人は殴られました。裡里の旅館に閉じ込められ、麗水を経由し、日本に送られました。一日の給与として一円三〇銭を受け取りましたが、食事代、衣服、靴代を除けば、ご飯一杯分も残らない状態でした。

(8) 相愛寮煙草台帳の朝鮮人名簿はどのようなものですか

これは朝鮮人を収容した相愛寮の煙草配給に関する史料です。佐渡鉱山へと煙草を配給していた富田煙草店に所蔵されていたものです。佐渡鉱山の相愛寮からの人員名簿や異動届が収録されています。第一、第三、第四相愛寮分があります。

第一相愛寮の簿冊からは、一九四四年一〇月末の第一相愛寮の朝鮮人一一七人の氏名・生年月日がわかります。また、四五年一月の徴用により江原道《カンウォン》（現・慶北）蔚珍郡から佐渡鉱山に連行された徴用者一〇〇人の居住地・本籍地・生年月日・氏名がわかります。

四五年七月からの福島や埼玉への派遣の準備や派遣先からの帰寮の状況も知ることができます。
この名簿と他の史料から佐渡に動員された朝鮮人七〇〇人ほどの名簿を作成しました。

新潟市内での強制動員真相究明ネットワークの研究集会、2022年8月

(9) 強制労働否定論の特徴は何ですか

強制労働否定論は、朝鮮人強制労働はプロパガンダである、戦時朝鮮人労働は強制労働ではない、韓国大法院徴用工判決は偏った研究蓄積によるというものです。朝鮮の日本統治は植民地支配ではないとし、動員朝鮮人は合法的な戦時労働者であるとみなすのです。

過去の植民地支配とその下で動員を不法と認めない立場なのです。これでは韓国との友好関係は作れないでしょう。

かれらはＩＬＯ（国際労働機関）の強制労働に関する条約には反しないと言っています。しかし、一九九九年にＩＬＯの条約勧告適用専門家委員会は、戦時の朝鮮や中国からの動員を「悲惨な条件での、日本の民間企業のための大規模な労働者徴用は、この強制労働条約違反であった」と認定しています。

国際社会はこの動員が国際法に反する行為であるとし、日本政府が責任をとることを求めてきたのです。

(10) 今後の課題をあげてください

現在の動きを歴史修正主義とみなすのではなく、歴史否定論としてとらえ、克服すべきです。戦争に参加するのではなく、殺人の誤りを示し、戦争そのものを止めさせるという活動が重要であるように、「歴史戦」に参加するのではなく、その偽りを示し、「歴史戦」自体を終わらせることが大切です。

佐渡鉱山見学会・搗鉱場跡、2022 年 8 月

強制動員された人々で、動員現場で亡くなった人もいます。帰国後も肺の中に沈んだ鉱石がうずき、咳に悩む日々が続きました。その苦しみ、悩み、その家族の苦しみ、悲しみに思いを馳せるべきです。

韓国では解放六〇年後、二一世紀に入ってやっと、過去清算の動きのなかで被害の申告ができたのです。その被害の救済が求められます。

佐渡鉱山への強制動員被害者として認定されたのは一五〇人ほどです。一五〇〇人以上存在する動員者の一割ほどの数です。歴史を学ぶとは、その未解明の部分を照射することです。植民地主義の克服をめざすことでもあるのです。

佐渡鉱山を世界遺産としたいならば、鉱山都市としての歴史全体を示し、歴史否定論とは手を切るべきです。強制労働否定論を克服し、朝鮮人強制労働の歴史事実を認知することによって、世界遺産への道が開くと考えます。強制労働を認めることによって、佐渡鉱山の評価は高まるとみるべきでしょう。

「佐渡鉱山・朝鮮人強制労働Q＆A」『第一四回強制動員全国研究集会資料集』（強制動員真相究明ネットワーク、二〇二二年八月）に加筆。

2　朝鮮人強制動員・遺族調査

二〇二三年四月上旬、韓国に行き、佐渡鉱山に強制動員された朝鮮人の遺族を訪ねました。韓国の民族問題研究所と強制動員真相究明ネットワークは共同調査報告書「佐渡鉱山・朝鮮人強制労働」を作成しましたが、その作業の継続です。

佐渡鉱山には戦時に一五〇〇人を超える朝鮮人が動員されました。動員初期には一〇〇〇人ほどが忠清南道の論山、扶余、青陽、燕岐、公州などから動員され、その周辺の全羅北道の益山、忠清北道の清州からも動員がなされています。とくに論山からの動員は一九四〇年二月の第一次動員での一〇〇人をはじめ四〇〇人を超える規模でした。

今回の調査では論山、青陽、益山の被害者遺族を訪問しました。一九九〇年代の新潟県の市民団体による調査では三〇人ほどが、韓国の強制動員被害真相糾明委員会の活動では一五〇人ほどの動員被害者が確認されています。そのなかから解放後も故郷に居住した被害者で、遺族が存在する家を訪問しました。ソウルから論山までは約一五〇キロ、益山までは約一七〇キロです。

⑴　益山　申泰喆の遺族

強制動員被害の申告と調査で、申泰喆（益山郡龍安面出身）は詳細に動員の状況を話し、強制動員被害真相糾明委員会に写真を一枚寄贈していました。解放後も益山で農業に従事していることも話しています。おそらく遺族が現地に居住しているのではないかと考えました。

申泰喆の申告記録をまとめるとつぎのようになります。

一九四一年の春、一八歳のとき、動員から逃げて、家の納戸に隠れていました。しかし、捕まってしまい、列車で護送され、麗水に到着、夜に出発し、日本に送られました。トラックで佐渡鉱山に護送されました。ダイナマイトや手作業で鉱物を採掘するという辛い仕事をしました。殴打され、耐えられずに自殺する人、酷い労働で疲れ切って倒れる人もいました。逃亡して捕まり、過酷に殴打される人もあり、本当に悔しいこ

とが多かったのです。当時、労働は三交替で八時間労働でした。日本でくれた小遣いはわずかでした。一番辛いことは飯の量が少なくて、お腹が空いて一日一日を耐えるのがきつかったことです。労務者として二年の契約で行ったのですが、二年後、帰国しようとしても、その当時、戦争中だという理由で日本人たちは二年延長するよう強要しました。解放になり、その年の秋に帰国の途につき、列車で移動しました。戦争で多くの建物が破壊され、廃墟が目に映りました。日本の船着き場に到着したのですが、帰国用の船が無く、何日か待って、やっと船に乗り、釜山港に到着しました。帰国後、過酷な生活による後遺症があり、農作業も円滑にできずに生活しました。苦労しながら病魔と闘う生活です。今思い出しても、身震いします、他国で四年という地獄のような強制徴用の労務者生活でした。

民族問題研究所の事前調査で、娘の申成起《シンソンギ》が近くの村（龍東《ヨンドン》面大鳥《テジョ》里）に住んでいることがわかりました。農村にある平屋の一室、春風が土のにおいを運び込むなか、申成起はつぎのように話しました。

父の申泰喆が住んでいた場所には今は誰もいません。墓は共同墓地にあります。祖父は淳昌から来ました。父は一九二三年一一月に生まれました。日本語が話せ、本も読めました。帰国後、結婚し、子どもが生まれ、六人（男二人、女四人）が育ちました。農業をする体力はあったのですが、肺が悪く、息苦しそうでした。他の人に手伝ってもらいました。田に落ちた残米を集めて食べたりしました。娘たちが日本への輸出用の絞りを作って家計を支えました。酒を飲むと鉱山の話をしていました。七〇歳を過ぎて脳卒中で倒れました。二〇年ほど介護されての暮らしでした。倒れた後での被害申請でしたが、記憶力はよかったのです。父の申請を手伝いました。二〇一二年に亡くなりました。私は一九五二年に生まれ、一九七五年に結婚しましたが、（委員会に提供した写真の）父の顔は末の娘に似ています。この写真が釜山の強制動員博物館にあることは知りません。弟が父の写真や族譜を処分してしまったから、他には何も残っていないのです。

申成起はこのように語り、父が寄贈した写真を見つめ、涙をぬぐいました。壁には孫達の写真が飾られていました。申泰喆の写真で残っているものは委員会に寄贈したものだけとのことです。

申泰喆の命は姿を変えて継承されている、彼の戦時での体験も消すことはできない、遺族に伝えられた記憶はわずかであっても、残された資料と証言によってその歴史は新たな形でよみがえることができる。そうすることが歴史に学び、記録する者たちの責務であると思いました。

なお、益山から動員された鄭雙童《チョンサンドン》の遺族、鄭雲辰《チョンウンシン》の話を京畿道の龍仁で聞くこともできました。

(2) 論山　金文国《キムムングク》の遺族

益山の北側が論山です。論山からは佐渡鉱山へと数多くが動員されました。そのなかに金文国がいました。金文国は一九一三年に論山郡の恩津面城坪《ソンピョン》里で生まれました。農村の路地を入って行くと、金文国が暮らしていた場所があり、今も遺族が住んでいました。

金文国は佐渡に動員された後、家族を呼び寄せました。帰国後は塵肺に苦しみ、一九五五年に亡くなりました。息子の金平純《キムピョンスン》は一九四七年生まれ、父と共に暮らしました。病んで動けなくなった父は多くの借金を抱えました。金平純は跡を継ぎ、農業で生計を立て、借金を返済しました。金平純は新潟の市民団体と出会い、一九九二年、九五年と来日し、その体験を語っています。来日時の資料や写真を大切に保管していました。日記も書き続けています。若い頃の父母の写真を示しながら、金平純はつぎのように話しました。

現在の家は建て替えたものですが、父母と共にここで暮らしました。父は帰国しましたが、息が苦しくて、農業ができなかったのです。寝たきりの状態になり、病院にも行けず、母が介護しました。胸に水がたまり

膨らんで息苦しそうでした。まともな対話をした記憶が無いのです。鉱山での生活についても詳しく聞くことはできなかったのです。

私は一九四七年生まれ、小学校一年のころ父が亡くなりました。田は少しあったのですが、病気による借金で土地を売り、家だけが残りました。生活は苦しく、子どもの頃から働きました。薪を集めに山に入ったり、糞尿を貰って畑に撒いたのです。一日に一食のときもありました。祖父母は父が先に亡くなったので、共同墓地に入れました。その墓の草刈りに行くのが恥ずかしかったのです。親のいない子の苦しみは言い尽くせないものです。金が無くて中学は卒業できず、一九六八年四月に軍隊に入り、江原道で軍生活を送りました。その後、子ども達を貧しくさせないために朝晩と働きました。私がハウス農業などで稼いで、借金を返しました。父が苦労して亡くなったから、日本の製品は見たくなかったのです。

一九九二年には、（新潟の市民団体の依頼で）論山の民主党が手配して佐渡と新潟で証言しました。九五年には新潟で証言し、東京に行き、厚生省で社会保険について要請しました。記者の取材もあり、この問題は大切なものと実感しました。その後、市民団体から連絡は途絶えました。佐渡鉱山を見学し、いやおうなく動員された人達の苦労は大変だったと感じました。（佐渡に動員された）兪鳳喆は隣に住んでいました。（佐渡の）林道夫は同じ年であり、会えればうれしい。小杉邦男は現地を車で案内してくれました。感慨深い。もう一度行ってみたいです。（この問題については）日本政府が謝罪することが必要と思います。

このように金平純は父の闘病生活と戦後の生活について話し、来日した際に出会った人びとを懐かしみました。来日した際に記したメモも残されていました。そのメモを読む金平純の声には、体験を語ることもできずに塵肺で苦しんだ父・分国の心が宿っているようでした。

三〇年前に日韓の友好を目指した真相調査と証言の活動の記憶は、論山の農村の一室に消えることなく残っていました。記憶の底にあった友好の感覚が蘇えるようでした。

戸籍関係書類によれば、文国の三女は一九四四年に千葉県東葛飾郡鎌ヶ谷村で生まれています。文国は家族と共に鉱山から離れ、一九四四年には千葉県に移動していたとみられます。その後、家族で帰国したのでしょう。さまざまな資料から歴史を検証し、復元することが必要です。

(3) 青陽 盧秉九の遺族

論山の北西には扶余があり、七甲山を越えると青陽の村々があります。青陽の村々は山に囲まれています。そこに人々が住み、農地が広がります。春には、木々が芽吹き、黄やピンクの花が咲きます。そのなか、田が掘り起こされ、畑にはネギが植えられます。ビニールハウスが連なり、用水の水音が響いています。のどかなこの青陽からも、戦時には一〇〇人を超える人々が佐渡鉱山に連行されました。

青陽邑の赤楼《チョクロ》里の盧秉九は一九二三年生まれ、一九四一年に佐渡鉱山に動員されました。新潟の調査団と出会い、一九九二年、九五年と来日、佐渡で証言しています。

この間の調査から盧秉九の動員状況をまとめると以下のようになります。

一九四一年、役場から佐渡鉱山に行くように命じられ、青陽から釜山を経て動員されました。当初、金剛塾に入れられ、毎日朝晩、皇民化教育と技術訓練をうけました。寮長が教育を担当し、言うことを聞かないと「気合いを入れる」と言われ、殴られました。職場は削岩でした。坑内墜落事故、昇降機事故、漏電事故、発破事故で死亡した人がいました。解放によって帰還しました。後遺症で肺が悪く、咳がひどい状態です。青陽から共に動員された李炳俊《イビョンスン》は坑内の事故で死亡しました。

一九九二年の新潟の市民団体の調査の際、ＮＨＫ新潟放送局が同行し、家族に囲まれた盧秉九を撮影しています（『五〇年目の真実 佐渡金山「強制連行」の傷あと』ＮＨＫ新潟放送局一九九二年放映）。このような経過から盧秉九の家を探すことにしました。調査により、家には現在、末の子の盧安愚《ノアング》が住んでいることがわかりました。家の表札にはノビョング（盧秉九）の文字が残っていました。盧安愚は次のように話しました。

私は六人きょうだいの末で一九七六年に生まれました。祖父も父も農業で暮らしていました。父は日本語が少しできました。（事故のためか）指の最初の部分が欠けていました。父は丈夫な方だったが、七〇代になると、肺の病がひどくなり、朝方まで咳をしていました。毎日咳をし、痰も出たので、チリ紙を持ち、筒も置いていました。朝にはごみ箱が一杯になりました。母の死後、ここで暮らしていましたが、体調を崩して動けなくなり、三年ほど兄たちの暮らす仁川の病院にいました。父の妹は健在で仁川で暮らしています。

村の人によれば、中学校の前に小さな店を開いていましたが、そこに川があり、雨の日には渡れなくなると生徒を背負って運び、溺れそうになった子を助けたこともあったといいます。節約して必要なものだけを使っていました。新聞も読み、じっとして居れない性格でした。寡黙に働きました。ここは盧氏一族が居住し、本家は少し上の方にあります。（日本が）事実を認めないことに心が痛い、悲しい。三菱は謝罪すべきと思います。強制動員の被害申請はしましたが、父は二〇〇七年に亡くなりました。慰労金は申請していません。

盧安愚は四〇代であり、部屋には子どもたちの写真が飾られていました。三〇年前の取材の事も覚えていました。父の佐渡鉱山での体験については、大変だったとしか聞いていないといいます。

強制動員の被害申請をしても、被害認定の書類が一通来て、慰労金が出るだけです。報告書が作成されることもありますが、動員の実態が遺族へと知らされるわけではないのです。今からでも「大変だった」という歴史の内容を少しでも復元し、伝えて行くことが必要と感じました。

一九九五年に盧秉九と共に佐渡で証言したのが尹鍾洸《ユンジョンガン》です。尹鍾洸は青陽郡の木《モッ》面新興《シンフン》里から佐渡鉱山に動員されました。解放後、近くの安心里に家を建てて暮らしました。韓式の家には今はだれも住んでいないのですが、「尹鍾洸」の表札が残っていました。

遺族によれば、父は戸籍では一九二二年生まれですが、実際は一九二〇年生まれといいます。新興面は同じ家系、尹姓の集姓村です。尹鎬京《ユンホギョン》、尹鍾甲《ユンジョンカプ》も動員され、ともに解放後、帰ってきました。動員された人では、尹魯遠《ユンノウオン》やチョンスンヒの名も聞いています。当時、新興里に土地を持ち、農業をしていました。一六歳で結婚し、二年後に一九歳で動員され、七年ぶりに戻ってきました。日本語が少しできました。興南《フンナム》の日本窒素で働いたこともあったようです。帰国後、健康状態は良くなく、三六歳の時に、ここに引っ越してきました。学校の近くであり、文具の店を出し、たばこも売りました。朝四時に起きて農作業もしました。亡くなる二年前まで仕事をしていました。四二歳の頃、クキ茶の商売に出かけたこともありました。パジチョゴリが好きで、外出時によく着ていました。ものを分かち合う心のある人でした。

被害申告からはつぎのような動員状況がわかります。

一九四一年、家に親、新婚の妻を残して動員されました。青陽郡庁に集められ、汽車で釜山に行き、連絡船に乗せられて下関へ行きました。そこから陸路で新潟に行き、船で佐渡に動員されました。最初は金剛塾で軍隊式の訓練を受けました。仕事は削岩した岩を集める、トロッコで運搬するというものでした。ひどい埃の中で作業させられ、若いころは身体が丈夫だったのですが、年を取るに従い、咳や痰が多くなりました。動員当時は米がなくてソバが出たが、口に合わず、空腹でした。最初、二年という約束でしたが、何の説明もなく契約が更新されました。休みをとることも自由ではなかったのです。解放後、釜山港を経て帰還しました。

韓国大法院が日本の植民地支配での戦時の強制動員を反人道的不法行為と判決したのは二〇一八年のことです。この判決は企業に対する「強制動員慰謝料請求権」を認定するものでした。強制動員は一九三九年から四五年にかけておこなわれ、日本への労務動員は八〇万人に達しますが、動員自体を不法と認定することに八〇年近い歳月を要したことになります。

しかし、日本政府はこの判決を「国際法違反」とみなして批難しました。戦時の強制動員による労働を強制労働として認知しないのです。

二〇二三年に入ると、韓国政府は「肩代わり策」を示しましたが、その策は日本の否認を容認するものであり、大法院判決を無視するとともに強制動員被害者の尊厳の回復に反するものです。長い間、強制動員被害者の尊厳回復の訴えはあったのですが、それを社会化することができず、判決が確定しても、韓国政府はその判決を否定する行為をしています。

解放後の米ソ対立とそれに伴う分断は、韓国社会を戦時体制に組み込みました。それは何時でも戦争に反応できるような社会体制であり、その体制は戦争動員の被害者の尊厳回復をすすめるものではなかったのです。逆に戦争動員への積極的呼応をもとめ、人権侵害を正当化するものであり、国家暴力による被害を被害として認知させないものでした。

このような社会情勢の中で、帰還した動員者たちは後遺症に苦しみながら、日々の生活に追われました。塵肺のために早くに亡くなった人もいます。家族による介護の苦労もありました。戦争動員被害は受忍を強いられたのです。動員された体験を詳細に語る機会はわずかでした。遺族の多くが被害実態を知らないまま、歳月が流れました。

分断と戦時状態の継続は、戦争動員被害を被害として認識して社会的に共有すること、戦争動員を国家暴力としてとらえて克服することなどを阻んできたといえます。戦争動員という被害、被害を認識させないという被害の継続、戦争動員を反人道的不法行為とする認定を否定することでの被害回復の拒否、このように被害は三つに重なりあっています。

このような現状をふまえ、戦争動員の被害実態を明らかにし、被害者遺族の歴史を含めて戦争被害が隠蔽された歴史を示し、戦争動員被害を被害として認識しえる道が示されねばならないと思います。その歴史認識が強制労働の歴史を否定する者、強制労働の法的責任を否定する者たちを止める力になるでしょう。戦争被害者の尊厳の回復は、新たな戦争被害を許さないためにも、植民地主義を克服するためにも必要です。

春、草木が芽吹き、鮮やかな色彩を与えます。雨後に残る雲が山々にかかります。陽光が空気を揺らします。その中、動員された人びとが生きてきた現場を歩き、被害者遺族と対話しました。佐渡への動員者名簿や動員地図を示しながら、論山や青陽をはじめ、地域ごとの強制動員の実態をまとめていく必要を感じました。それは権力の側の歴史ではなく、動員された人々や遺族の側から歴史の像を描くということです。強制動員の歴史は大地の記憶となり、地下の水脈となっています。その端緒を探れば、民衆の歴史に触れることができます。それに拠って歴史を復元する作業を続けたいと思いました。

(4) 佐渡での強制動員被害者遺族の証言

二〇二三年四月二一日、全羅北道の益山から佐渡鉱山に強制動員された鄭雙童の遺族の鄭雲辰が妻と共に佐渡鉱山跡地を訪問しました。二二日には佐渡市相川で開催された強制動員の証言と交流の集いに参加しました。韓国の民族問題研究所により今回の訪問計画が立てられ、真相究明ネットワークの紹介により佐渡市民が実行委員会をつくり、集会が用意されました。

①相愛寮煙草台帳の閲覧

集会前日の二一日の午前、鄭雲辰は佐渡博物館を訪問し、相愛寮煙草配給台帳を閲覧しました。佐渡博物館では館長と佐渡市教育委員会社会教育課長が対応しました。鄭雲辰は父鄭雙童の写真を持参し、原本の閲覧を求めました。折衝の末、博物館は相愛寮煙草配給台帳の原本を提示しました。第四相愛寮の煙草配給台帳には一九四四年一〇月と四五年八月時点の収容者の名簿があり、そこに「東本雙童」の文字が記されていました。

鄭雲辰はこれまで父の動員資料を探してきましたが、見つけることができなかったのです。韓国での強制動員被害の申請は同郷の村人の証言によるものであり、父の動員事実を記した資料に佐渡でやっと出会うことができました。

鄭雲辰は父の名前を見つめ、その労働と生活に思いを馳せ、つぎのように話しました。

「父が連行された足跡を探してきたが見つからず苦労しました。韓国からきて、ここで確認できて、うれしい。協力に感謝します。胸が詰まる思いです。強制動員された遺族は他にもたくさんいます。これからもその人たちが確認できることを願います。父と一緒にこられなかったことが残念です。佐渡では空腹での労働で苦労したと話していました。」

その言葉は、被害者遺族の親族への思いの深さを示すものであり、真相の探求を呼びかけるものでした。

②第四相愛寮跡地での追悼会

同日午後、鄭雲辰は佐渡鉱山の近代コース（道遊坑内）を歩き、鉱山近くにあった第四相愛寮の跡地などを訪問しました。坑内で感想を問われると、一瞬、涙で言葉に詰まり、横を向きました。妻が抱きしめ、背中をなでると、「胸がいっぱいです。暗い監獄のようなところで働き、十分に食べることもできなかった。胸が痛い」と話しました。世界遺産登録について問われると、「江戸のことだけでなく、強制動員の歴史も隠すことなく真相を明らかにしてほしい」と語りました。

鉱山の茶屋の近くの諏訪町には朝鮮人が収容された第三相愛寮がありました。その近くの万照寺には近代に入っての部屋（飯場）制度の「坑夫人夫」の供養墓があり、この寺の坂を上ると、江戸期の無宿人の追悼墓があります。その墓に向かう途中の次助町に鄭雲辰の父が収容された第四相愛寮がありました。次助町は鉱山労働者が居住した町ですが、鉱山から急な坂を上がった場所です。仕事で疲れていれば、あるいは負傷していれば、登るにはきつい坂です。坂を上がるなか、体調の優れない鄭雲辰は胸を押さえながら、父が動員されての労働の日々を思いやりました。

第四相愛寮跡地では追悼の会をもちました。雲辰が寮跡近くの鎮魂の「普明の鐘」を突き、訪問団の代表者が追悼と真相究明への思いを語りました。追悼歌「徴用者アリラン」が歌われると、雲辰はその歌詞に関心を持ち、その場で歌詞を朗読しました。

この日、「史跡佐渡金山」を経営するゴールデン佐渡で「佐渡鉱山史」（平井栄一）を閲覧しました。また、強制動員真相究明ネットワークと民族問題研究所の名で「半島労務者名簿」の公開を求める要請書を出しました。この「半島労務者名簿」は新潟県史編纂事業の中で佐渡金山株式会社の資料から写真撮影されたものであり、そのマイクロフイルムが新潟県立文書館に所蔵されています。しかし、非公開です。ゴールデン佐渡の社長に問い合わせたところ、「原本がないものは公開しない」とのことでした。その後、県立文書館はその存在についても回答しなくなりました。

③強制動員被害者遺族・証言と交流の集い

四月二二日、相川開発総合センターで、韓国・強制動員被害者遺族の証言と交流の集いがもたれ、八〇人が参加しました。

はじめに現地実行委員会代表の永田治人が、被害者遺族の証言を聞く会を開催する趣旨を話し、佐渡鉱山の世界遺産登録において戦時の朝鮮人の強制労働を位置づけることの大切さを語りました。

集会では、金丞垠《キムスンウン》（民族問題研究所）が韓国の強制動員被害者支援財団の強制動員被害遺族調査を研究所が受けて調査した経過を以下のように報告しました。

韓国での強制動員生存者は現時点で一二〇〇人ほどとなり、二〇二〇年から三年間で約一四〇〇人の生存者・遺族の証言を収集しました。動員された人の多くが貧しい農民でした。動員の証言では、飢え、自由の剥奪、殴打による屈辱、空襲の恐怖、あきらめと虚無などが示されます。証言の映像記録も作成しています。二〇二二年には佐渡鉱山の被害者一人・遺族六人の証言をえました。二〇二三年には三月の事前調査と四月の現地調査で計五人の遺族と面談しました。それにより申泰喆（益山）、金文国（論山）、盧秉九（青陽）らの遺族の証言をとれました。今後の課題は、隠蔽されてきた強制動員の歴史

右　第4相愛寮名簿の東本雙童の文字
左　鄭雙童の写真

を明らかにし、被害事実を被害者遺族が知らないという現実を変えていくこと、佐渡鉱山の記録と被害者遺族が出会うことで動員の事実を確認すること、強制労働の被害は被害者の生涯全体を貫き、家族の生活まで傷つけたものであり、それを地域の記憶とすることなどです。

　わたしは、佐渡鉱山への強制動員の概要、佐渡鉱山の煙草配給台帳の内容を話し、第四相愛寮には益山出身者が収容され、名簿に「東本雙童」の名があること、遺族が動員期の鄭雙童の写真を所持していることなどを示しました。また、動員者の多かった忠清南道の風景、一九九〇年代の佐渡と韓国での調査活動と当時の証言の様子、金文国の遺族の二〇二三年現在の姿、佐渡に動員された朝鮮人名簿である「半島労務者名簿」のマイクロ資料が県立文書館に存在することなどを紹介しました。

④鄭雲辰の証言

　つづいて被害者遺族の鄭雲辰が父の思い出と佐渡訪問の印象をつぎのように話しました。

　父の鄭雙童は全羅北道益山（春浦《チュンポ》面）で一九〇五年に生まれましたが、一人息子でした。三〇代後半で、年老いた両親、幼い娘と生まれたばかりの息子、妻を残して佐渡鉱山に連行されました。村に割り当てられた動員人数は二人でしたが、皆が拒否するなかで、動員されました。村人は無念がる祖父母の姿に胸を痛めたそうです。兄が生まれて郷里で二年ほどは暮らしたというので、一九四三年頃に動員されたと思いま

す。母は夫なしで家族の面倒を見ることになり、苦労したと思います。

私は父が帰国した後の一九五二年に生まれました。父は佐渡で銅を掘る仕事をした、空腹が一番つらかったといいました。休みの日に農家に手伝いに行って飯をもらおうとしたのですが、先に食べさせてもらって腹一杯になり、仕事ができずに帰ってきたこと、農家の好意に報いることができなかったと話していました。一緒に連行された李在花《イジェファ》は帰国後、後遺症で体を壊しました。

益山は穀倉地帯であり、群山一帯は、当時は日本人地主が多い地域でした。（動員される前）父は日本人農場で堤防を築く仕事もしたのですが、頬を叩かれることもよくあったといいます。屈辱に耐えて黙々と働かなければ、仕事も賃金も得られなかったのです。

父が動員されたことを証明する記録は何もなかったのです。一枚の作業服を着た写真だけがありました。動員を証明するために村の老人に隣友証明書を書いてもらいましたが、父から詳しく話を聞いておけばよかったと思います。過去を明らかにして二度とこのようなことが繰り返されないようにと考えて、強制動員被害者支援財団が始めた証言採録事業にも参加しました。日本が過ちを認めず謝罪もしないで佐渡鉱山の世界遺産登録をすすめる話を聞くなかで、事実を明らかにして記録しなければならないと切実に考えています。

その中でたくさんの研究者と出会い、日本の研究者が煙草配給台帳の名簿から父の名前を探し出してくれたのです。創氏名のため、父であるという実感は弱かったのですが、記録が残っている事実に驚きました。昨日、名簿の原簿をみることができました。実際にみると胸が詰まり、涙がでました。坑内にも入りました。大変な労働だったと思います。相愛寮の跡地にも行きましたが、坂の上であり、冷たい風が吹き、食堂からも遠い場所でした。被害を明らかにするために努力している人々の姿に感激しました。

三〇年前から佐渡と新潟の市民が真相を調査してきたことも知りました。いまだ、多くの被害者遺族が佐渡の名簿と出会えずにいます。父の記録を探す作業が、佐渡に動員されたすべての人々の記録が遺族にきちんと伝えられ、親たちの痛ましい歴史を記憶し、追慕できるようになるきっかけとなることを願います。

集まられた皆さんの正義への努力に心を打たれます。その労苦に感謝し、それを分かち合いたいです。今日の出会いを忘れません。この出会いが次の世代の心に刻まれる教訓となることを信じます。日本の子どもたちも韓国の子どもたちと交流してください。互いに人権を大切にすれば、平和につながると思います。

⑤歴史に向き合う

集会では、佐渡相川に住む小杉邦男が一九九二年、九五年の相川での証言集会などを紹介しました。小杉は佐渡と韓国をつなぐ会の事務局を務め、相川で長年、活動してきました。その後、交流を兼ねて、「佐渡おけさ」や「アチミスル（朝露）」が歌われました。最後に司会の石崎澄夫が佐渡鉱山での追悼集会の活動の経過などを話しました。

その後、同じ会場で交流会を持ち、二〇人ほどで意見交換をおこないました。交流会では、現地での慰霊塔建設、半島労務者名簿の公開、佐渡に住む父の動員と第二相愛寮への収容などの話も出され、参加した高校生は「対面で、会えないと聞けない話を聞けてよかった」と感想を語りました。交流会は「相川音頭」を皆で楽しんで終りました。

その夜、訪問団は夕食を取りながら、今回の行動を振り返りました。また、好きな歌なども出て、友好を深めました。帰途、訪問団の一人が「歴史に向き合うとは何か。遺族が名簿などの記録と出会い、労働した現場を歩き、証言する。市民と交流し、食事を共にし、歌を歌う。資料を読み、講演を聞くだけでなく、人と人とがつながり、明日を語り合う。その積み重ねの大切さを感じた」と語りました。そのような積み重ねによって新たな友好の歴史ができればと思いました。

⑥「半島労務者名簿」の公開を

二〇二三年四月一一日、わたしは新潟県立公文書館に電子メールで「半島労務者名簿」について照会しました。しかし回答がないため、四月一八日に電話し、翌日担当の副館長がいるとのことで一九日に再度電話して、その史料について確認しました。その史料は「非公開」とのことでしたが、県立文書館にあるマイクロ目録は県が県史編さん事業で作成したものであり、文書館がその内容の照会に応じることは可能であると話し、その史料の保管状況を聞き取りました。

その内容は、史料名は佐渡金山株式会社所蔵の「半島労務者名簿」、昭和五八年（一九八三年）に県史編さん事業で撮影された。マイクロ番号は一四一四以下。平成四年（一九九二年）に編さん室から県立文書館に継承されたが、非公開のものとのことでした。

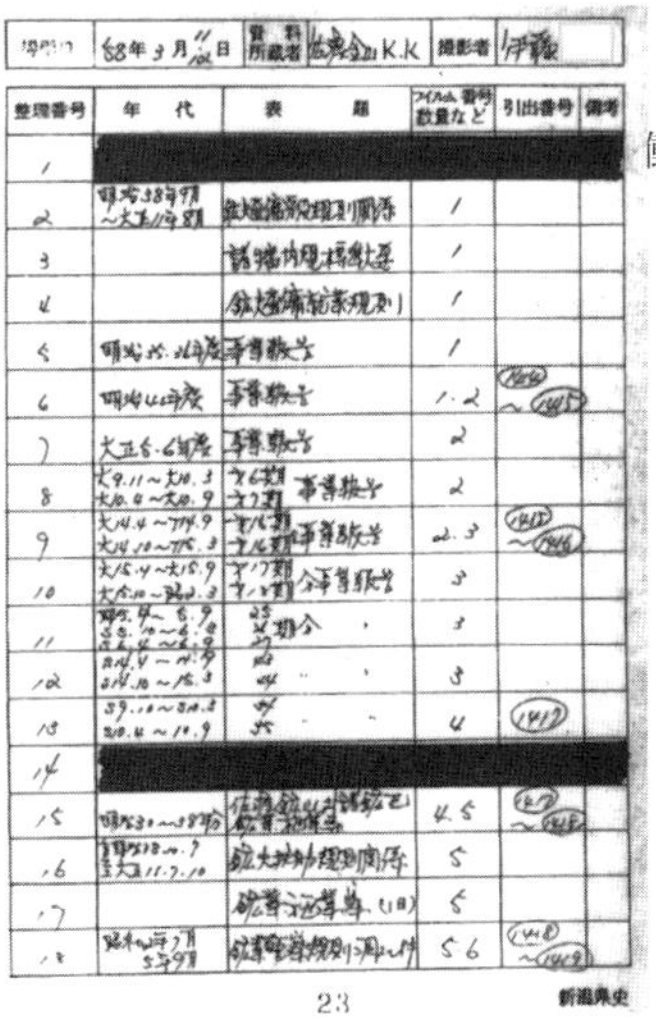

撮影日	68年3月11日	資料所蔵者	佐渡金山K.K	撮影者	[illegible]

整理番号	年代	表題	フィルム番号数量など	引出番号	備考
1	[redacted]				
2	[illegible]	[illegible]	1		
3		[illegible]	1		
4		[illegible]	1		
5	[illegible]	[illegible]	1		
6	[illegible]	[illegible]	1・2	[illegible]	
7	[illegible]	[illegible]	2		
8	[illegible]	[illegible]	2		
9	[illegible]	[illegible]	2.3	[illegible]	
10	[illegible]	[illegible]	3		
11	[illegible]	[illegible]	3		
12	[illegible]	[illegible]	3		
13	[illegible]	[illegible]	4	[illegible]	
14	[redacted]				
15	[illegible]	[illegible]	4.5	[illegible]	
16	[illegible]	[illegible]	5		
17		[illegible]	5		
18	[illegible]	[illegible]	5.6	[illegible]	

23　新潟県史

黒塗りの1が佐渡鉱山史、14が半島労務者名簿と推定。

四月二一日、日韓の市民団体はゴールデン佐渡に出向き、「半島労務者名簿」の公開を要請、二二日には佐渡での動員者遺族の集会でその存在を紹介しました。韓国放送公社（KBS）はこの集会とともに名簿の存在を報道しました。

わたしは五月一一日に県史編さん事業で作成された佐渡鉱山関係のマイクロ資料目録の情報公開を求めました。その目録は六月末に「任意公開」の名で示されたのですが、「半島労務者名簿」については黒塗りでした。これに対して審査請求を出したところ、二〇二四年二月、任意公開対象の資料公開は「審査請求をすることができる行政上の処分」には当たらず、「本件審査請求は不適法」であるとされ、請求は却下されました。

別途、わたしは二〇二三年一二月四日、目録の一部を非開示とした理由を示す文書の公開を求めました。その際、県文書館とゴールデン佐渡との交信、目録簿冊の表紙などの公開も含むものとしました。それにより二〇二四年三月末、最終的な開示決定が出され、四月中旬に公開文書が届きました。県立文書館は二〇二三年四月に「半島労務者名簿」の存在を認めていたのですが、五月にはその存在を認めなくなりました。公開された二〇二三年四月二五日の県立文書館「県立文書館保管の非公開資料に係わる対応について」からその理由がわかりました（以下「四・二五文書」）。そこには次のように記されていました。

> 研究者[redacted]（公開で黒塗り、以下同）氏からの「半島労務者名簿」に関する電話問いあわせに対して、①原蔵者の意向により非公開としている[redacted]、②原蔵者が[redacted]であることを認めた。そのような対応の背景は、①県史編さん事業での収集資料であり、関係者には知らされているものであったから、②原蔵者は他の資料については公開を承諾しており、当該資料の非公開理由を（資料の）所在が不明のためとしていたので、資料の存否等は伝えても差し支えないと考えたからである。しかし、「資料の存否や原蔵者も含め非公開とすることを基本とし、慎重に対応すべきであった」。「今後の対応」としては、①「原蔵者への説明・謝罪」、②「当該資料については、その資料の存否や原蔵者も含め、伝えられない旨回答する」、③他の非公開文書にもこの対応を基本とする（要約）。

このように資料の存在を示さない対応へと方針を転換していたのです。黒塗りの部分は、竹内の問いあわせに対し、①「半島労務者名簿」の存在（リール番号）、②原蔵者がゴールデン佐渡であると認めたということでしょう。県史編纂事業での撮影資料の件名についての照会に応じることは県立文書館の業務の一環です。一般に所蔵資料目録は公開され、非公開の資料でも件名は明らかにされています。「四・二五文書」には今後の対応として、ゴールデン佐渡への説明・謝罪、資料と原蔵者の秘匿が示されていますが、県立文書館への文書非公開の圧力が外部からあったことによるものと考えられます。

「四・二五文書」後の五月一二日、県教育委員会生涯学習課、県立文書館、県文化課世界遺産登録推進室はゴールデン佐渡と「県立文書館所蔵資料の原蔵者に対する、資料公開・非公開に係る意向確認についての方針説明」の会合（二〇分間）を持ちました。復命書での会談場所、会談内容（三頁分）は全て黒塗りです。県はゴールデン佐渡まで出向き、「四・二五文書」での「今後の方針」に記された内容を話し、県立文書館とゴー

県立文書館保管の非公開資料に係る対応について

R.5.4.25　県立文書館

1　今回の対応

研究者[redacted]氏）からの「半島労務者名簿」に関する電話問合せに対して、
① 原蔵者の意向により非公開としている[redacted]
② 原蔵者が[redacted]であること
を認めたもの

【今回の対応の背景】
① 当該資料は、昭和58年に県史編さん室が県史の編さんのために収集した資料であり、当該資料の存在については、既に関係者に知られているものであったこと。
② 原蔵者は、他の資料については「公開」を承諾しており、当該資料の「非公開」理由が「（資料の）所在が不明なため」としていたため、資料の存否等については伝えても差し支えないものと考えたこと。

2　とるべきだった対応

非公開資料については、文書館規則上「利用に供しない」ものとされ、資料の存否や原蔵者について第三者に伝えることについては明確な定めがない。

しかし、資料の存否等を伝えてよい旨の意向が示されていない非公開資料については、資料の存否や原蔵者も含め非公開とすることを基本として、慎重に対応すべきであった。

> 新潟県立文書館規則（平成４年新潟県教育委員会規則第９号）
> （利用に供しない文書等）
> 第７条　文書等のうち、次の各号に掲げるものは、館長が特に必要があると認めた場合を除き、その全部又は一部を利用に供しないものとする。
> (1) 個人若しくは団体の秘密保持のため、又は公益上の理由により利用に供することが不適当なもの
> (2) 整理又は保存上支障があるもの
> (3) 寄贈又は寄託を受けた文書等の利用に関して、寄贈者又は寄託者が条件を付したもの

3　今後の対応

(1) 原蔵者への説明・謝罪

(2) 当該資料の今後の問合せに対する対応
原蔵者に「非公開」の意向を再度確認し、当該資料については、資料の存否や原蔵者も含め、伝えられない旨回答する。
なお、原蔵者の意向が確認できるまでの間も、同様の対応とする。

(3) 今後の他の非公開文書の対応
上記２に記載した対応を基本とする。

復　命　書

所　属	生涯学習推進課	職名・氏名	副参事（成人教育係長）関根
日　時	令和５年５月12日（金）11：00〜11：20		
場　所	[redacted]		
目　的	県立文書館所蔵資料の原蔵者に対する、資料公開・非公開に係る意向確認についての方針説明		
出席者	【原蔵者】 [redacted] 【　県　】 県立文書館　安田館長、目黒副館長 生涯学習推進課　関根 文化課世界遺産登録推進室　茂野政策企画員		

[redacted]

4.25 文書と 5.12 復命書

ルデン佐渡との間での新たな文書の交信を約束したのでしょう。その後、文書館は六月にゴールデン佐渡に資料の取り扱いに関して照会し、七月にゴールデン佐渡から「非公開とする資料の存否、原蔵者等についても応答しないでください」という回答をえました。非公開の理由はゴールデン佐渡の一九九二年承諾書での「所在が不明なため」です。

このように新たに県とゴールデン佐渡は史料の隠匿の合意をすすめたのですが、県史編さん事業で「半島労務者名簿」が収集されたことはすでに明らかです。韓国政府は一九九〇年代初頭に日本政府に戦時の朝鮮人労務者の名簿の提供を求め、日本政府が各所で発見した名簿類は韓国側に渡された経緯があります。そこには三菱鉱業傘下の事業所、生野、明延、細倉、尾去沢、鯰田、高島、崎戸などの名簿も含まれていました。その名簿類は市民に公開されました。二〇〇〇年に入り、韓国で強制動員の真相究明がすすむと、日本政府は供託関係資料や埋火葬関係資料を韓国政府に提供しています。佐渡鉱山については、戦後に朝鮮人団体が未払金の支払いを要求し、佐渡鉱山側が労務者名簿を渡すという記事（「新潟日報」一九四六年一〇月九日）があることから鉱山内に名簿が残されていたことがわかります。県立文書館にマイクロで保管されている佐渡鉱山の名簿も遅れたとはいえ韓国政府に送ることができる史料です。

佐渡鉱山の「半島労務者名簿」は八〇年ほど前の史料であり、保存と公開が望まれます。新潟県とゴールデン佐渡はこの名簿の公開へと方針を転換すべきでしょう。

初出「強制動員真相究明ネットワークニュース」二二号、二〇二三年五月に加筆、鄭雲辰氏は帰国後に急逝、ご冥福を祈ります。

第4章　朝鮮人追悼碑・強制連行説明板

1　群馬の森・朝鮮人追悼碑の強制撤去

(1)　朝鮮人追悼碑の建立から撤去の経過は？

群馬の森は群馬県高崎市にある県立公園です。かつて東京第二陸軍造兵廠岩鼻製造所があり、陸軍の火薬を製造していたところです。その建物の一部がいまも残っています。県立公園となり、美術館や博物館、記念碑などがあります。

この森の一角に二〇〇四年、朝鮮人追悼碑「記憶　反省そして友好」碑が建てられました。この碑は市民団体が、戦時に日本政府の労務動員政策によって強制連行され、強制労働の下で亡くなった朝鮮人を追悼する趣旨で建設を求めたものです。県議会で承認され、県の許可を受けるなかで建てられました。碑文には強制連行とは記されず、「労務動員による朝鮮人犠牲者を心から追悼」と記されています。

この碑の前で追悼碑を守る会が追悼集会を開いてきたのですが、二〇一二年頃から戦時の植民地支配やそこでの強制労働を認めない集団が朝鮮人追悼碑を「反日」とみなし、撤去を求めるようになりました。そのなか群馬県は、追悼集会での強制連行の事実究明を求める発言が「政治的発言」であり、それゆえ集会が設

群馬「記憶 反省そして友好」追悼碑除幕式2004年（「記憶 反省そして友好」所収）

置許可条件に反する「政治的行事」であるとみなしたのです。そして設置から一〇年の二〇一四年、県はこの碑の設置延長を許可しなかったのです。

そのため追悼碑を守る会は訴訟を起こしました。前橋地裁は二〇一八年に県による設置延長不許可処分の取り消しを命じました。しかし、二〇二一年、東京高裁では市民団体が逆転敗訴、翌年、最高裁もその決定を追認したのです。そして群馬県は二〇二四年一月二九日から追悼碑の撤去をはじめ、プレートなどを除き、碑を粉々に破壊し、二月二日には撤去を終了したというのが経過です。

(2) 群馬県での朝鮮人強制労働の調査の経過は？

群馬県での朝鮮人強制労働の調査は一九九〇年代から始まりました。一九九五年には戦後五〇年を問う群馬の市民行動委員会が結成されました。中心になって調査を行ったのは猪上輝雄（一九二九～二〇一六）です。調査をまとめた『「消し去られた歴史」をたどる 群馬県内の朝鮮人強制連行』が一九九九年に発行されました。埋火葬史料などから死亡者の存在をつきとめ、県内への朝鮮人動員数を六〇〇〇人と推定しています。猪上たちは二〇〇一年に県議会に追悼碑建立の請願を出し、採択されました。二〇〇三年には碑の形状や碑文について県と合意し、建設に至ったのです。『新潟県史』『長野県史』などには朝鮮人強制連行の記載がありますが、『群馬県史』にはありません。群馬の追悼碑はこの不記載を埋めるものと思います。

猪上輝雄は福岡県で生まれ、一九五四年に中央大学法学部を卒業、その年に群馬県の妙義山の米軍基地反対闘争に社会党のオルグとして参加しました。地域民衆の絶対反対、「決死の闘い」は米軍に計画を断念させました。かれは女性と老人を組織しなければ勝てないと語っ

2019年、強制動員真相究明ネットワークの見学会

ていますが、その経験は千葉県の三里塚での闘いに生かされています。猪上は群馬県の社会党で書記として活動し、各地の反基地闘争に参加、その後、県の副本部長になりました。一九八九年、六〇歳で退職し、一九九〇年に入って群馬での朝鮮人強制労働の調査を行ったのです。韓国に行き、遺族調査もしました。その後、社会民主党や県平和運動センターでも活動しました。その人脈は追悼碑建設にも役立ったでしょう。

わたしは一九九〇年代後半から強制労働の全国調査を始めたのですが、猪上収集の群馬県資料の提供を受けました。かれは当時、追悼碑を県立公園につくることになったよと笑顔で語っていました。訴訟となり、裁判に勝つまでは死んでなんかいられないと言っていましたが、二〇一六年に八七歳で亡くなりました。その後、わたしは猪上収集資料を再整理し、二〇一九年に高崎市で開催された第一二回強制動員真相究明全国研究集会で報告しました。

その時の報告を補充して二〇二二年に最高裁へと意見書を出しました。この意見書は『群馬の森・朝鮮人追悼碑存続のために』（追悼碑を守る会、二〇二二年）に収録されています。碑の建設経過や群馬での強制労働の実態については、ここにこまかく記しています。

今回の行政による碑の破壊は群馬の人びとのアジア平和への熱い思いを踏みにじるものだと思います。

(3) 朝鮮人追悼碑に対する判決の問題点は？

まず前橋地裁判決ですが、追悼式での強制連行に関する発言を、歴史認識に関する主義・主張を推進するものであり、政治的発言であるとしました。追悼式を政治的行事に該当するものと判断し、許可条件に違反するものとしたのです。ここに問題があります。しかし、碑の前で政治的行事を行ったとしても直ちに公園の機能は失われていないから、県の更新不許可処分は裁量権の逸脱であり、違法としたのです。また（右派の）抗議活動によって公園の利用者が減少したわけでもなく、碑による具体的な支障はない、政治的行事が行われなければ友好親善を求める碑の本来の機能は回復するとしています。

つぎに東京高裁判決です。そこでは、「労務動員」を「強制連行」と評価することは日本政府の見解に反することになるという県と旧建てる会の共通認識の下で追悼碑の設置が許可されたとみなし、守る会は政府の見解に反して「強制連行」という用語を使用して歴史認識を訴えることを目的とする行事が政治的行事に含まれることを認識していたと決めつけたのです。

また、抗議行動が起きたのは、守る会が許可条件に違反する行為をしたからであり、守る会の違反行為によって追悼碑が政治的争点（歴史認識）に係る存在とみられるようになり、中立的な性格を失うに至ったとみなしたのです。さらに追悼碑は友好の推進という当初の目的から外れ、存在自体が論争の対象となり、抗議活動などの紛争の原因となったとしたのです。そして、追悼碑は都市公園法二条二項での「公園施設」に該当しない、県知事の更新不許可の判断には正当な理由がある、県の更新不許可処分は適法であり、裁量権の逸脱濫用はないというのです。

この判決の問題は、労務動員を強制連行と評価することが日本政府の見解に反することになると共通認識していたという判断にあります。守る会が強制連行を使用して発言した場合、追悼式が政治的行事に該当し得ることを認識していたという判断にも問題があります。また、追悼碑が政治的争点（歴史認識）に係る存在とみられるようになり、中立的な性格を失ったという判断にも問題があります。さらに抗議行動が起きたのは、守る会が許可条件に違反する行為をしたことによるという判断も問題です。

2022年6月20日、最高裁棄却・抗議集会

判決は、追悼式での強制連行の発言を政治的発言とみなし、その発言があったことを理由に式全体を政治的行事とするものでした。それが許可条件違反であり、追悼碑は公園施設に該当しない、それゆえ県の不許可に違法はないというのです。このような高裁判決を最高裁は追認したのです。

戦時の朝鮮人労務動員を強制連行とすることは学会の定説であり、自治体史や教科書にも記載されてきました。第二次安倍政権は二〇一二年末から二〇二〇年までですが、この政権が発足する頃からヘイト集団が街頭で集団化し、ヘイトスピーチを繰り返すようになりました。また、戦争時の侵略や植民地支配での加害の歴史の否定、強制連行の否定の喧伝がすすみました。強制連行を否定する政治的風潮が形成されたのです。そして安倍政権を受け継いだ菅義偉内閣は二〇二一年、強制連行・強制労働の用語を適切ではないと閣議決定し、教科書から削除させました。学説による記述を閣議決定により否定したのです。高裁の裁判官の判断はそのような歴史否定の影響を受けているようです。安倍政権下での歴史否定の動きに司法が忖度したとみることもできます。

この判決によれば、歴史否定団体が公的施設にある追悼碑の前で意図的に紛争を起こせば、碑を撤去できることにもなりかねません。判決は歴史否定とその活動の正当化に利用されるのです。そのような活動は現憲法下で保障された表現の自由、人身の自由に関する人権認識や歴史認識を歪めるものであり、過去の戦争によって被害を受けた人々の尊厳を再び侵し、アジアの国々との友好を損なうものです。

ここで強調しておきたいのは、追悼行事での強制連行という表現は歴史認識を示すものにすぎないということです。強制連行を否定する政治活動の強まりが、強制連行という用語を政治的な表現へと追いやった、

ベルリン、グンターデムニッヒ「つまずきの石」、「名前が忘れられた時その人物は忘れ去られる」

史実を相対化してしまったということです。強制連行の歴史否定の動きこそ、政治的なのです。

もうひとつ付言すれば、いま進んでいる動きを「歴史修正主義」と批判するのではなく、事実を無かったものとする「歴史否定」として対象化し、批判すべきということです。歴史否定はヘイトクライムにつながる罪であると思います。

(4) ドイツの記念碑や記念館、その歴史への向きあい方と日本との違いは？

わたしもドイツの記念碑や記念館を訪問したことがあります。ドイツ連邦共和国憲法では最初に基本権が示され、第一条は人間の尊厳の不可侵です。その思想が根底にあり、過去の反省、その克服への意思を表現する形で記念碑があると思います。その表現への芸術性のこだわりを感じます。皇帝制度を廃止するなど、社会運動の蓄積もあります。周辺諸国からの戦争犯罪追及や一九六〇年代後半の青年運動による自国の戦争責任追及の歴史もあります。ユダヤ人虐殺、被害者を冒涜する行為は歴史否定として規制されています。

最近のパレスチナをめぐる動きからは、ドイツではナチの戦争犯罪批判はあっても、シオニズムという植民地主義への批判は弱かったように見えますが、戦争の反省、過去の克服については日本と比べれば大きな差があります。君主制の存在は奴隷根性を再生産し、主権者の認識、人間の尊厳への認識を妨げるものです。戦争責任、植民地責任への追及の弱さは天皇制の存続と一体の関係でしょう。

日本をみれば、一九九五年の村山談話での侵略と植民地支配の認識に反発して一九九七年に「日本の前途と歴史教育を考える若手議員の会」（事務局長安倍晋三）が結成され、同年、日本会議も結成されました。二〇〇四年にセンター試験での朝鮮人強制連行が出題されると抗議しました。この会は「日本の前途と歴史教育を考える議員の会」となり、南京大虐殺、慰安婦、強制連行、沖縄戦集団強制死などをめぐり、歴史否定をさらに喧伝しました。安倍晋三は二〇一〇年代には八年余の長期政権を維持しましたから、かれの歴史否定に近い政治家が政権幹部となりました。二〇一五年の安倍談話では朝鮮の植民地支配への反省は抜け落ちています。

そのなかで二〇一八年一〇月に韓国で強制動員をめぐる大法院判決が出ました。判決は戦時の強制動員を反人道的不法行為とし、企業に対する強制動員慰謝料請求権を確定させるものでした。反人道的不法行為への賠償請求権は日韓請求権協定の適用外とみなしたのです。それは動員被害者を救済しようとする判断でした。判決は国際人道法、国際人権法の現状に見合ったものでしたが、日本政府は日韓請求権協定違反とし、判決を受け入れようとしなかったのです。それのみならず、自らが被害者のように振る舞いました。ドイツでは二〇〇一年、過去の強制労働に向き合い、強制労働被害者の救済に向けて「記憶・責任・未来」基金を設立し、一五〇万人もの被害者に対応しています。日本もそのように対応すべきです。

ちなみに、朝鮮人追悼碑「記憶 反省そして友好」の名前は、ドイツの「記憶・責任・未来」基金の名称に触発されてできあがったものです。群馬県はその碑を粉砕したのですから、記憶、責任、反省、友好、未来への意思をも打ち砕こうとしたのです。しかしその意思は打ち砕けるものではありません。

(5) 国際人道法、国際人権法の現在の地平とは？

ドイツで強制労働被害者への救済がはじまった二〇〇一年、南アフリカのダーバンで開催された人種主義に反対する世界会議の宣言（ダーバン宣言）では、人種差別を重大な人権侵害とし、奴隷制は人道に対する罪とされました。植民地主義を人道に対する罪と規定することはできなかったものの、いつ、どこで起きても非難され、再発を防止しなければならないとされました。

このように植民地主義を批判し、その克服を目指すことは国際的な流れです。この頃から植民地支配を行ってきた国々はその責任について語るようになりました。それが国家にとって名誉となり、国際友好の道となるからです。二〇二〇年五月、ドイツの大統領シュタインマイヤーはその責任の否定こそ恥ずべき行為だと語っています。

二〇〇五年一二月に国連総会で決議された「国際人権法の重大な違反および国際人道法の深刻な違反の被害者に対する救済および賠償の権利に関する基本原則とガイドライン」をみれば、被害者の救済のために真相を究明し、謝罪・賠償し、追悼・教育によって再発を防止することを求めています。

韓国の大法院判決では強制動員を反人道的不法行為としたわけです。司法判断に従い、日本政府はこの国際原則にしたがって被害者救済に向けて対応すべきです。戦時の労務動員は日本政府の動員計画によって一九三九年から始まり、企業は各県に動員希望数を申請し、政府はそれをもとに動員数を承認しました。それを受けて企業は、朝鮮総督府が指定する郡で、甘言や命令によって動員したのです。皇民化政策の下、民族の権利や名前、言葉を奪われていた植民地の民衆にとっては、動員の指示は拒否できないものであり、募集や斡旋という名による強制動員がなされたわけです。動員された現場では労務統制や強制貯金などで移動の自由を奪われ、暴力的を含む管理によって労働を強いられたのです。

まず、日本政府は強制連行・強制労働を認知すべきなのです。また史料を公開し、韓国の判決を認めて謝罪と賠償をすすめ、動員被害者の尊厳と権利を回復すべきなのです。さらに遺骨を返還し、追悼行事や教育を行い、再発を防止しなければならないのです。県も動員に関与したのですから、真相を調査し、追悼するという歴史的責任があります。

人権侵害の被害者の救済のためには、真相究明、謝罪・賠償、追悼・教育の活動があるわけですが、記念碑等の設置はこの三番目の追悼・教育にあたるわけです。追悼・教育は文化活動ということができます。追悼碑の設置は友好平和の文化活動であり、そこに碑の意義もあるわけです。群馬県はそのような文化表現を破壊したのです。

(6) 強制連行の歴史否定論の内容は?

歴史否定論により強制連行を否定する人々は過去の戦争を「大東亜戦争」と呼んで正当化しています。教育勅語を賛美し、韓国併合を合法とし、その下での動員を正当とするのです。かれらは侵略と植民地支配への反省という言葉を受け入れようとしないのです。ですから戦争責任という言葉は排斥されます。

歴史否定の立場の「人種差別に反対するＮＧＯ日本連合」の主張をみると、韓国政府による「反日教育」によって韓国民の日本民族への差別意識は年々増大し、レイシャルハラスメントを引き起こしている。韓国の教科書や「反日施設」は「国家ぐるみの最大級」の「ヘイトスピーチ」であり、人類の「崇高な倫理観に反する恥ずべき行為」であり、「世界平和にとって脅威をもたらすのみ」である。国連人種差別撤廃委員会は韓国政府に「反日教育」の改善を勧告すべきとあります。

このように考える「そよ風」などの歴史否定団体が追悼碑の高裁判決の際に街宣行動をしましたが、それを支援する日本国民党の宣伝車には関東大震災の追悼碑撤去を求める際に使う垂れ幕があり、そこには「六千人虐殺も嘘　徴用工強制連行も嘘」、「六千人の嘘に友好なし謝罪不要」、「我々の先祖へのヘイトスピーチをやめろ」、「追悼に名を借りた政治集会を許可するな」と記されていました。

かれらは、「強制連行は嘘」であり、（強制連行などは）「先祖へのヘイトスピーチ」である。「反日」の「戦後レジーム」を変える。中国や朝鮮こそ歴史を改ざんしている。朝鮮人追悼碑の前での集いは政治集会であって、碑は撤去すべきとします。かれらはその行動を「GHQの洗脳教育による自虐史観の歪んだ反日歴史観を正し、日本の国益を守り、日本に対する冤罪を払拭する闘い」というのです。

このような主張は、過去の戦争と植民地支配の歴史を反省できない頑迷なナショナリズム、排外思想です。ドイツの大統領シュタインマイヤーは「責任の否定こそ恥ずべき行為」と言っていますが、彼らの主張は反省もなく責任も取らないというものであり、稚拙な恥ずべきものです。

山本一太群馬県知事は強制連行の史実を認めることはなく、「ルール違反」を口実に追悼碑を粉砕したのです。かれは「歴史認識の問題ではない」と言っています。しかし、抗議する行動を排除するために公園を封鎖して、追悼碑を重機で粉砕したのです。結果として県はヘイト集団の主張を代行し、碑を撤去してしまったのです。「ヘイト行政」とみられるでしょう。これに呼応してネット上では、私有地にある朝鮮人追悼碑の撤去を呼びかける議員までいます。

山本一太は二〇〇六年に『なぜいま安倍晋三なのか』を出版しています。そこで安倍の歴史認識についてはふれずに安倍をタカ派でもネオコンでもない「ニューリアリスト（戦略的国際協調主義者）」と美化しました。安倍応援団であった山本は第二次安倍政権下で沖縄北方相を務め、二〇一九年に群馬県知事になりましたが、かれは「日本の前途と歴史教育を考える若手議員の会」の事務局にいました。山本の歴史認識は安倍と同様であるわけですが、「ルール違反」を隠れ蓑にし、歴史認識を示すことなく追悼碑を破壊したのです。

(7) 強制労働の歴史が否定され、世界遺産、観光地とされていますね?

ユネスコ（国際連合教育科学文化機関）世界遺産への明治産業革命遺産の登録ですが、これは第二次安倍政権の中で首相案件として推進されました。

その世界遺産推薦書のダイジェスト版（初版）には、テクノロジーは日本の魂、「明治日本の産業革命遺産」は国家の質を変えた半世紀の産業化を証言、蘭書を片手に西洋科学に挑んだ「侍《さむらい》」たちは半世紀の時を経て、近代国家の屋台骨を構築、日本は自らの手で産業化をすすめ、植民地にならずに、地政学上における日本の地位を世界の舞台に確保した。後に日本を世界の経済大国に押し上げる重工業の基盤をつくった。このような産業革命遺産には顕著な普遍的価値があると記されています。

当初、九州・山口の近代化産業遺産群として登録が目指されていたのですが、期間を明治期に限定し、萩の城下町を起点した鉄、石炭、造船の産業化の物語へと作りあげられました。そして「サムライ」日本が植民地とされずに産業化を実現した、それを顕著な普遍的価値としたのです。

ユネスコの設立理念は人の心に平和の砦を作るため、人類の知的・精神的連帯を形成するということであり、そのために世界遺産があるのですが、安倍らは地政学での日本の地位を顕彰する産業遺産として登録を狙ったというわけです。産業遺産は資本、労働、国際関係の三つの面からみるとその特質が見えてくるのですが、明治産業遺産の場合は、産業技術の面、つまり資本の面だけを重視して説明がなされています。

ところで、この明治産業革命遺産には日本製鉄八幡製鉄所、三菱長崎造船所、三菱高島炭鉱（高島・端島）、三井三池炭鉱が入っていました。戦時には朝鮮人、中国人、連合軍捕虜が強制労働させられた場所です。韓国が戦時の強制労働の問題を提起すると、日本政府は二〇一五年七月の登録の際に、「日本は、一九四〇年代にいくつかのサイトにおいて、その意思に反して連れて来られ（brought against their will）、厳しい環境の下で働かされた（forced to work under harsh condition）多くの朝鮮半島出身者等がいたこと、また、第二次世界大戦中に日本政府としても徴用政策を実施していたことについて理解できるような措置を講じる所存である」とし、「日本はインフォメーションセンターの設置など、犠牲者を記憶にとどめるために適切な措置を説明戦略に盛り込む所存である」（日本政府訳）と発言しました。

しかしその後、日本政府は「forced to work」は「働かされた」であり、「強制労働の意ではない」、「戦時の朝鮮半島出身者の徴用は、国際法上の強制労働にあたらない」としました。朝鮮半島出身者が意に反して徴用されたこともあったが、違法な強制労働ではなかったというのです。

端島炭鉱跡、朝鮮人が収容された建物

二〇二〇年三月、登録時に約束した施設が産業遺産情報センターの名で開設されました。国立施設ですがその運営は世界遺産登録をすすめた加藤康子らの産業遺産国民会議に委託されています。このセンターでは、端島炭鉱で強制労働はなかったとする展示がなされ、犠牲者を記憶する場とはなっていません。つまり登録時の公約は反故にされ、歴史否定の宣伝の場ができたというわけです。

この明治産業遺産では、軍艦島と呼ばれる端島炭鉱での観光が活発ですが、明治の産業遺産に該当するのは明治期の擁壁やレンガの建物跡であり、アパート群は大正期以降のものですから遺産の対象ではありません。軍艦島クルーズには、三菱の労務管理支配や近代の納屋制度など労働者の歴史、戦時の強制労働についての説明はありません。炭鉱の廃墟をみて「軍艦島ラスク」をお土産にする、そのような長崎クルーズを楽しむ人もいるのでしょう。

ユネスコの理念である人種・民族を超えた知的・精神的連帯のためには、強制労働の歴史を伝え、その再発防止を考えることが欠かせませんが、それがなされない

のです。このように産業遺産で強制労働の歴史否定が喧伝され、他方、ヘイト集団が街頭に出て強制労働犠牲者の追悼碑の撤去を求めたのです。それに呼応して群馬県は強制連行の発言を政治発言として「ルール違反」とみなして再設置を許可せず、それを裁判所が追認する。そして県は歴史認識をめぐる問題であるにもかかわらず、それを隠して追悼碑を破壊する。このように事態がすすんできたわけです。

⑻　今後の課題は？

二〇〇四年に追悼碑が建設された頃、歴史学や歴史教育の現場には戦時の政府による労務動員政策の実態が強制連行であるとする共通認識がありました。行政がそれを公然と非難することはなかったのです。しかし、安倍らの歴史否定の政治的台頭により、歴史用語である「強制連行」が政治的とみなされ、排撃されるようになりました。そのなか、日本政府は戦時労務動員の歴史認識から「強制連行」を取り除き、労務動員や徴用はあったが、それは強制労働ではないとする表現へと転換をすすめました。さらに二〇二一年に菅義偉内閣は強制連行・強制労働の用語は適切ではないと閣議決定し、教科書の書き換えをすすめたのです。これでは戦時の強制動員問題は解決できません。

国際人道法や国際人権法での被害者救済の項で示したように、日本政府はまず、強制連行・強制労働を認知すべきです。史料を公開し、韓国の判決を認めて謝罪と賠償をすすめ、動員被害者の尊厳と権利を回復すべきです。遺骨を返還し、追悼行事や教育を行い、再発を防止しなければならないのです。

群馬県も労務動員に関与したのですから、真相を調査し、追悼するという歴史的責任があります。

群馬県は第一に、朝鮮人強制労働に関する調査委員会を設置すべきです。戦時の強制労働の事実調査を行い、当時の朝鮮人の死者の状況を明らかにすることが求められます。朝鮮人強制労働の事実を市民社会に示

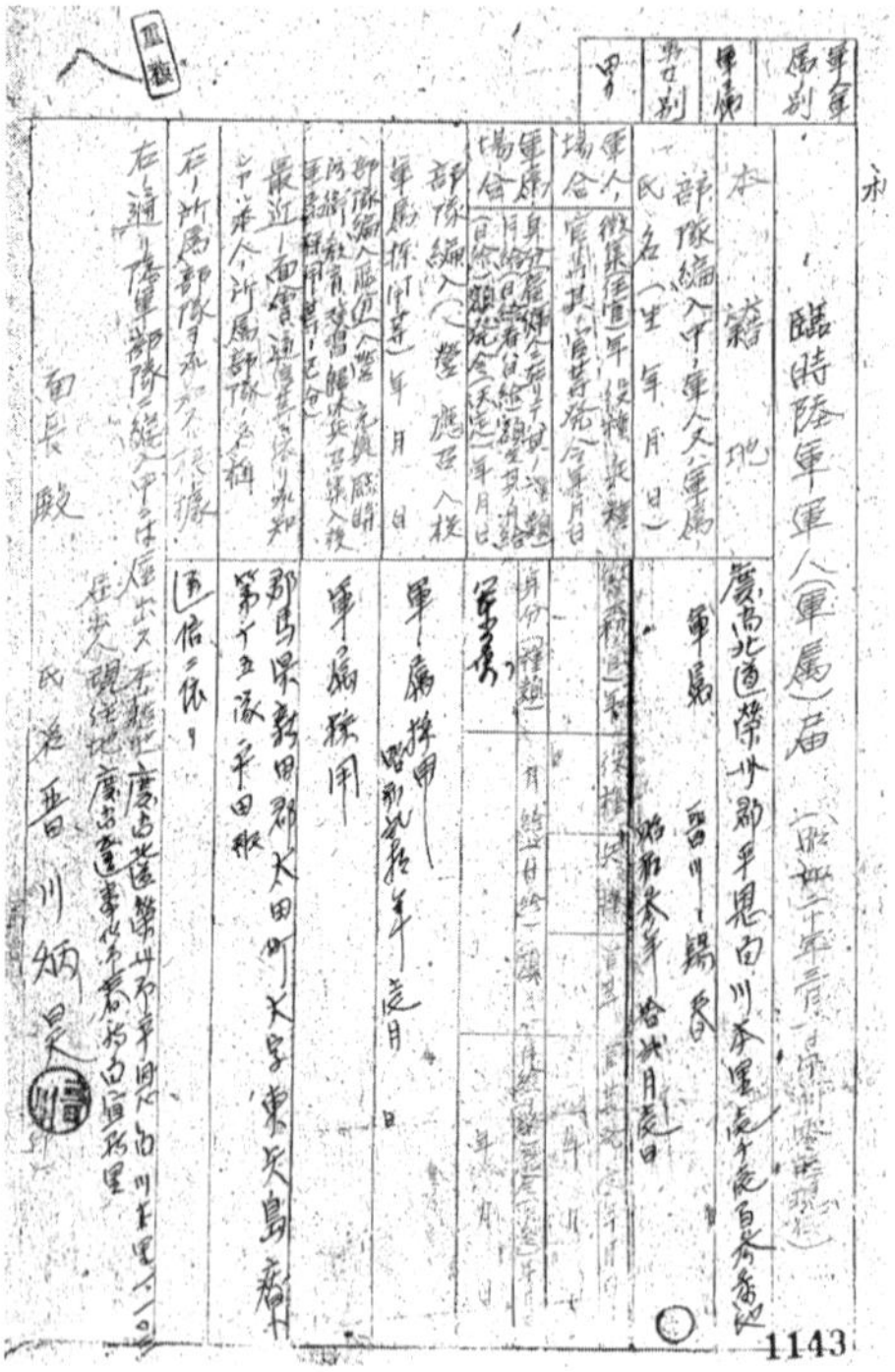
臨時陸軍軍人（軍属）届
1143

中島飛行機太田工場に軍属で動員された晋川錫春の個表

し、強制連行の歴史を否定する動きを克服すべきなのです。

第二に、市民団体と協議して朝鮮人追悼碑を再建すべきです。行政は追悼活動に積極的に関与し、それにより正義の実現と被害者の尊厳の回復をすすめ、友好親善、世界平和をすすめるべきです。ヘイト集団の歴史否定に与してはなりません。

行政が主導する調査によって、社会保険への加入資料、埋火葬認可証の調査、供託金の調査、韓国での強制動員真相究明活動の資料などから動員の実態を明らかにできるでしょう。軍人・軍属としての軍務動員の調査も必要です。高崎、相馬ヶ原、太田などでの軍務動員の実態調査が求められます。「臨時軍人軍属届」や「留守名簿」などの軍人軍属名簿の調査も必要です。

初出「群馬の森・朝鮮人追悼碑の強制撤去」『反天ジャーナル』二〇二四年三月

撤去後、ビニールで覆われた説明板跡（2014年、「天理・柳本飛行場跡説明板再設置運動資料集」から）

2　天理・柳本飛行場の説明板

(1)　天理・柳本飛行場の建設と朝鮮人

奈良県天理市の柳本駅の西方に大和海軍航空基地がありました。この基地は柳本飛行場と呼ばれています。柳本飛行場の西方には屯鶴峰があり、そこに航空総軍の戦闘司令所がおかれ、地下壕が掘削されました。この司令所が置かれた山の西方は大阪であり、そこには陸軍の八尾飛行場がありました。

柳本飛行場の建設は一九四三年の秋ころから始まりました。建設は海軍施設部が担い、大林組が工事を請け負いました。海軍施設部には軍属として強制動員された朝鮮人も存在し、大林組にも動員された朝鮮人がいました。建設工事に動員された朝鮮人の数は二〇〇〇人といいます。飛行場建設に向けて、飛行場予定地内の神社や寺院、墓地、灌漑用ため池は破壊されました。

この飛行場建設にあたり、海軍は施設部内に「慰安所」を置き、朝鮮から女性を二〇人連行しました。女性たちは慶尚南道の晋州《チンジュ》や統営《トンヨン》から連行されたといいます。解放後、女性たちは地域に住む朝鮮人によって救済されましたが、統営出身の一人は死亡し、一九人が帰国したといいます。

柳本飛行場建設工事への朝鮮人の強制連行と朝鮮人「慰安婦」の存在は、地域の市民団体の調査によって明らかになりました。一九九一年には建設に動員された被害者の金永敦《キムヨンドン》と宋将用《ソンジャンヨン》が来日し、証言しました。市民の調査をふまえ、天理市の教育委員会は一九九五年八月、天理市のふるさと園に柳本飛行場の説明板を建て、強制連行と「慰安所」についても記載しました。

⑵ 新たに日韓共同説明板を設置

右派による強制連行や慰安婦の歴史否定の喧伝のなか、天理市は二〇一四年四月、説明板を撤去しました。これに対し、調査をすすめてきた市民はあらたに撤去を考える会を結成し、再設置を要求しました。統営の市民団体は韓国での説明板再設置の署名を集め、天理市を訪問しました。考える会はさらに、天理市の姉妹都市である忠清南道の端山《ソサン》市の市民団体と共同し、二〇一六年から日韓共同の説明板の設置運動をすすめました。

日韓市民による説明文の議論を経て、飛行場跡地の農地の隅に市民団体により説明板が建てられ、二〇一九年四月一三日、除幕式と現地調査がもたれました。除幕式に先立って一一〇人が参加しての集会が天理市の公民館でもたれました。除幕式には民団と総連、韓国の市民団体の代表も参加しました。

新設の説明板には、飛行場地図とともに、海軍施設部が飛行場建設をすすめ、大林組が請負ったこと、建設にあたり朝鮮人が強制連行されたこと、三人の朝鮮人（金海永《キムヘヨン》、金哲九《キムチョルグ》、張廣先《チャンガンソン》）が死亡したこと、慰安所がつくられて朝鮮から女性が連行されたこと、事実を伝えて平和を希求することなどが記されています。除幕式後の現地調査では、ため池近くの朝鮮人飯場跡、滑走路跡、飛行場用暗渠、防空壕、掩体壕基礎、若宮神社の飯場跡、海軍施設部跡の建屋、慰安所跡地、戦後の国語講習所跡地などを、解説とともに歩きました。防空壕は当時のまま残っ

上右　柳本飛行場の防空壕
上左　海軍施設部跡
下　新たに設置された柳本飛行場跡説明板

ていました。海軍施設部の建物も朽ちかかってはいますが、残存していました。遺跡は歴史を物語るものです。今回の日韓共同説明板の設置は、朝鮮人強制労働や慰安所の存在を隠蔽する動きに抗し、市民の共同討議によって事実を伝え、平和を求める取り組みのひとつです。

（二〇一九年四月調査）

3　松代大本営・強制動員名簿と説明板

(1)　松代大本営・強制動員名簿の分析

「帰鮮関係編纂」「内鮮調査報告書類編冊」は、記載事項から長野県警察部の文書であり、一九四五年九月に作成されたものです。そこには長野県の労働現場からの朝鮮人の帰国計画が記されています。松代大本営の工事現場から帰国を希望する朝鮮人の名簿も収録されています。

ここでは、この史料にある松代大本営工事に動員された朝鮮人の名簿を分析し、集団動員の状態について考えます。また、長野県での朝鮮人強制動員現場とそこからの朝鮮人の集団帰国の状況についてみていきます。

はじめに松代大本営工事の概要をみておきます。松代大本営工事は、本土決戦用に東京の大本営を長野市の南の松代へと疎開させるものであり、日本軍の東部軍経理部によって工事がすすめられました。工事は松代倉庫工事の名でおこなわれ、松代を中心にイ号からリ号までの九つの地区と仮皇居、賢所、海軍壕を加えた計一二か所で工事がすすめられました。

工事の中心は、松代の象山に掘削された政府の壕（イ号）と舞鶴山の大本営（ロ号）の壕でした。また、皆神山には食料庫（ハ号）など、須坂では送信施設などの工事もおこなわれました。これらの工事を西松組が請け負い、多数の地下壕が掘削されました。第二期工事の天皇の御座所の建築は鹿島組が請け負いました。

松代大本営・象山地下壕内部

①松代大本営工事への朝鮮人動員

松代大本営の地下壕の掘削工事は一九四四年一一月から始まりますが、労働力として多数の朝鮮人が動員されました。現地ではその数を六〇〇〇人とみています。その動員の状況についてはすでに、原山茂夫『松代大本営工事　その全貌と本質を共に究めるために』や青木孝寿『松代大本営　歴史の証言』で分析されています。それらを参考に動員状況をまとめるとつぎのようになります。

工事にあたり、西松組が請け負っていた岩手県の宮守などの発電工事現場から朝鮮人が松代に転送されました。その数は約五〇〇人とみられます。このなかには朝鮮半島から連行され、転送された者もいました。尹柱仁の証言では全南から宮城県の塩釜の鉄道工事現場に動員され、松代に転送されました。

朝鮮人は東北だけでなく、群馬、新潟など各地から集められました。一九四五年二月には愛知県小牧の軍工事現場から三〇〇人が転送されました。家族持ちの朝鮮人も西松組の配下の班に入れられました。このようにして日本各地から松代に動員された朝鮮人は二〇〇〇人以上とみられます。

さらに一九四四年一一月には、東部軍経理部による徴用で、朝鮮半島から二〇〇〇人が富山経由で連行され、西松組に配属されました。その後も数派の集団移入・連行があり、証言によれば、一九四五年二月と六月ころに慶南昌寧《チャンニョン》郡からの連行があったことがわかります。朝鮮半島からの集団移入・強制動員者も二〇〇〇人以上いたとみられます。

第二期工事の鹿島組については、一九四五年の春に、神奈川県の川崎や長野県の木曽発電工事現場から朝鮮人二〇〇人ほどが動員されたことがわかっています。

②動員朝鮮人の管理状況

このように動員された朝鮮人はどのように管理されたのでしょうか。この間の調査からまとめてみます。西松組の配下は班と呼ばれました。判明している班名には、イ地区の阿久根、中山、松浦、河野、面田、塩沢、坂上、長尾、森脇、梅田など、ロ地区の池尾、ハ地区の大久保、沢谷、久保などがあります。これらの班の下で、組が壕の掘削を請け負ったのですが、そこに朝鮮人が配置されたのです。末端の飯場は四〇～五〇人ほどで、単身者と家族持ちで構成されていました。

たとえば、イ地区の中山班には新井組があり、七号壕を請け負いました。崔小岩《チェソアム》（催本）はそこで労働したわけです。イ地区の阿久根班の下で、卞鳳煥《ベンボンファン》（松下）は飯場を持ち、一〇〇人ほどで一八号壕を請け負っていました。卞鳳煥は群馬県沼田の鉱山で飯場を持っていたのですが、三〇人くらいを連れて移動し、さらに群馬、秋田、福島からも同胞を呼びよせたといいます。

③松代・動員朝鮮人名簿の概要

これまでの調査で松代大本営工事に動員された朝鮮人については一〇数人の名前が明らかになっています。その名前をあげれば、西松組の機械担当に金錫智《キムソクジ》（三原）、イ地区の労務係に趙仁済《チョインジェ》、イ地区の組頭に卞鳳煥（松下）、鄭時金《チョンシグム》（松原）、宋麟永《ソンインヨン》（清水経晴）、労働者に崔小岩（催本）、鄭巌秀《チョンヤンス》、ロ地区の親方に趙徳秀《チョデス》（杉本徳夫）、金大首《キムデス》（国沢）、労働者に姜永漢《カンヨンハン》（山田）、朴道三《パクトサム》、金快述《キムカス》、金昌箕《キムチャンギ》がいます。地区は不明ですが、

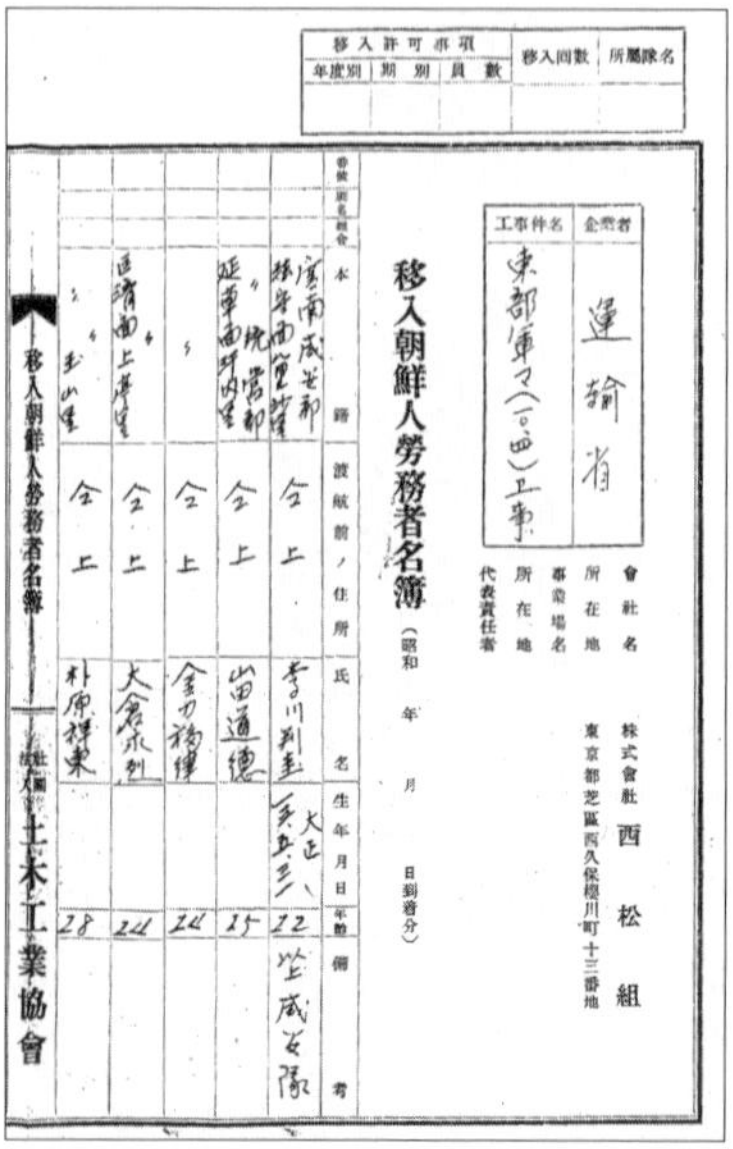
移入朝鮮人労務者名簿（昭和　年　月　日到着分）

移入許可事項 年度別	期別	員数	移入回数	所屬隊名

企業者	工事件名
運輸省	東部軍マ（一〇・四）工事

會社名　株式會社　西松組
所在地　東京都芝區西久保櫻川町十三番地
事業場名
所在地
代表責任者

本籍	渡航前ノ住所	氏名	生年月日	年齢	備考
慶南咸安郡	仝上	李川判圭	大正八	22	咸安隊
〃 統営郡	仝上	山田道徳		25	
〃	仝上	金田福律		24	
延津面上井里	仝上	大倉永烈		24	
〃 玉山里	仝上	朴原祥東		28	

移入朝鮮人勞務者名簿　社團法人土木工業協會

西松組の移入朝鮮人労務者名簿（咸安隊・統営隊）

尹柱仁もいました。鹿島組の親方に李（金原一郎）、労働者に李性国《イソング》、李浩根《イホグン》、李性欽《イソフム》などがいました。

これに加え、長野県警察部の史料にある松代大本営関係者の名簿によって、さらに多くの朝鮮人名とその出身地が判明したわけです。名簿の人数は、西松組松代出張所の一八六一人、西松組須坂出張所の五二四人、鹿島組松代出張所の七八人の計二四六三人です。この名簿には、一五歳以下の者が三割ほどあり、成人女性も含まれています。重複もあります。そのため、名簿の約半数の一二〇〇人ほどが現場の労働者とみられます。

西松組松代出張所の名簿には、最初に集約された帰国予定者名簿と第二回目の名簿があります。最初の名簿は、集約状況から、単身者名簿1、単身者名簿2、家族持ち名簿1、家族持ち名簿2の四種に分類できます。第二回の帰国予定名簿は、作成された名簿に二つの班の名簿が追加されていることから、第二回名簿、追加班名簿の二種に分けることができます。このように名簿を分類し、分析してみました。

④西松組松代・動員朝鮮人名簿、単身者

単身者名簿1の特徴は、西松組の「移入朝鮮人労務者名簿」の用箋に記されていることです。この用箋には移入の年度別、期別、員数、移入回数、所属隊名を記す欄があり、企業者と工事件名には、運輸省・東部軍マ（一〇・四）工事と記されています。この用紙には本籍・氏名の欄の下に、指定された地域からの集団動員を示す「井邑隊」などの記載があります。

この用紙に記されている朝鮮人は、西松組が強制動員期に朝鮮半島から集団移入した人びととみることができます。

単身者名簿1に記されている集団移入が実行された地域を示す隊名・人員数は、慶南昌寧三九、密陽《ミルヤン》一三、醴泉《ヨンチョン》七、南海《ナムヘ》九、咸安《ハマン》八、統営七、山清《サンチョン》三、慶北軍威《クミ》二六、全北井邑《チョンウプ》六、金堤《クムジェ》一一、全南海南《ヘナム》三、務安《ムアン》五、忠南論山二九、京畿漣川《ヨンチョン》一などの計一七〇人です。

漣川の項には一九四〇年二月に斡旋されたことが記されています。松代工事前に動員され、西松組の現場に残っていた動員者とみられます。名簿の記載状況から、漣川以外の動員者の多くが松代工事のための集団連行者とみていいでしょう。

この名簿から、松代大本営工事に強制動員された朝鮮人の出身地が明らかになるわけです。

単身者名簿2は、朝鮮人四〇五人の名簿です。この名簿には西松組から朝鮮人の帰国の引率を依頼された金錫智（三原）の名前が最後の方に記され、松代に移動してきたイ地区の崔小岩（催本）、ロ地区の姜永漢（山田）などの名前もあります。

姜永漢（山田）は趙徳秀（杉本徳夫）の杉本飯場にいましたが、そこに昌寧郡からの連行者一〇人が配属されたといいます。山田永漢の名の近くには昌寧郡出身者の名があります。

このような記載から、単身者名簿2は、松代へと他の現場から移動してきた朝鮮人と集団移入者が混在したものとみられます。竹田班や大、水、阿と略された班の朝鮮人も含まれています。大は大久保、阿は阿久根の略とみられます。

単身者名簿2から、一〇人以上の出身郡をあげれば、慶南咸安、昌寧、陜川《ハプチョン》、密陽、慶北慶州、全北金堤など、五人以上の郡は、慶南宜寧《ウィニョン》、居昌《コチャン》、蔚山、山清、晋陽《チンヤン》、慶北金泉《クムチョン》、大邱、迎日《ヤンイル》、達城《タルソン》、安東、尚州《サンジュ》、醴泉《ヨンチョン》、義城《ウィソン》、高霊《コリョン》、忠南牙山《アサン》、公州《コンジュ》、忠北槐山《ケサン》、全北沃溝《オグ》、全南務安、長城《チャンソン》、和順《ファスン》などがあります。

単身者名簿1であげた郡と重なるものもありますが、これらの郡の出身者は集団移入者とみられます。なお、この単身者1と2の名簿には重複があります。

強制動員は一つの地域から五〇人、一〇〇人の単位でおこなわれましたが、二つの単身者名簿から、松代へと動員された人びとの出身地を三五箇所ほど推定できるわけです。（図1）

図1

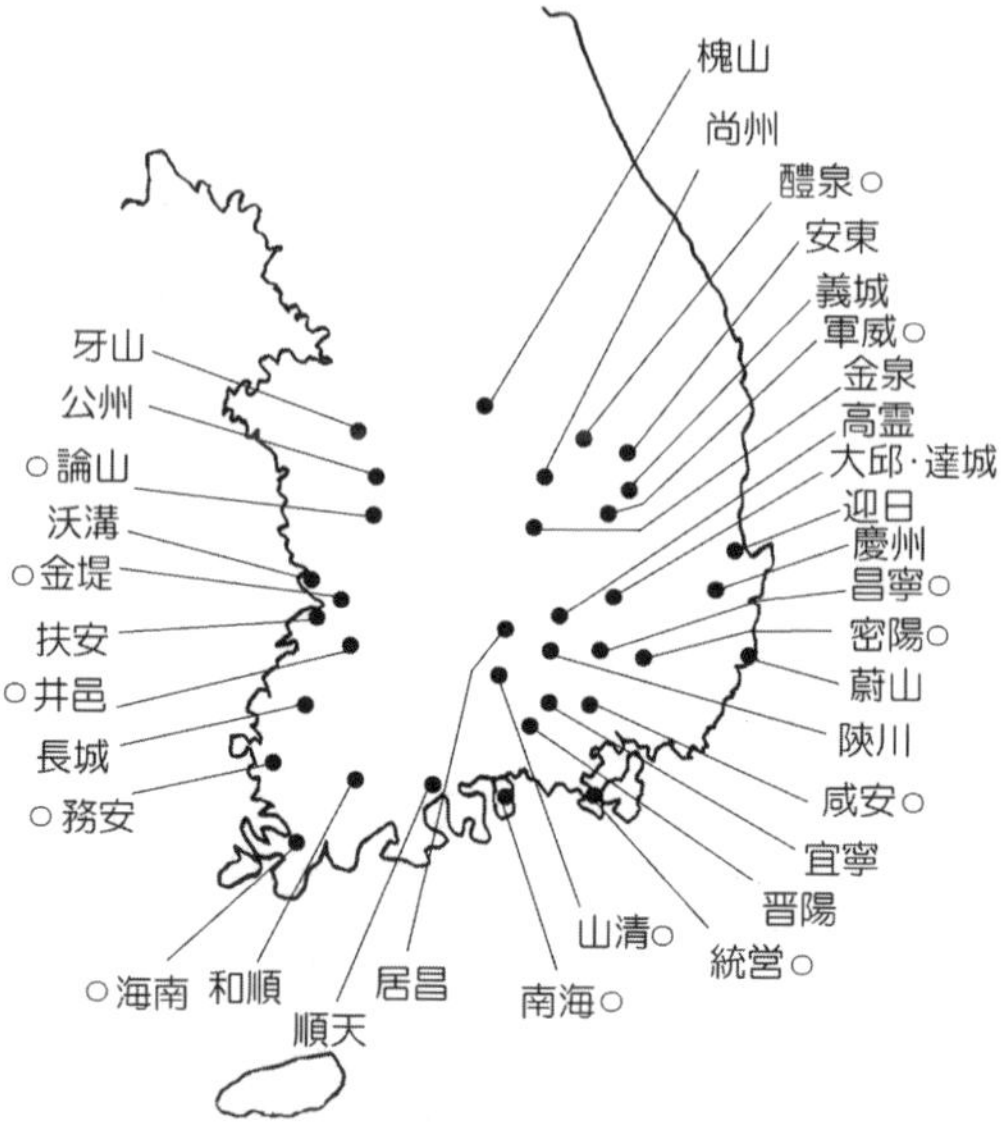

松代大本営工事・単身者出身地（西松組）

○は単身者名簿1の移入朝鮮人名簿から集団移入が確認できる郡。
○に加え、単身者名簿2、須坂名簿で5人以上の出身者を確認できる郡をあげた。名簿の記載状況から、集団的動員地とみられる。

⑤西松組松代・動員朝鮮人名簿、家族持ち

家族持ち名簿1の朝鮮人数は八〇二人、家族持ち名簿2の数は二七六人です。これらの名簿には単身者も含まれています。

名簿1には、西松組の配下を示す班名が記されています。班名は、松浦、坂根、杉山、伊藤、池尾、斉藤、梅田、長尾、面田、松本、大久保、久保、直営などです。ここでの直営とは西松組の直轄集団を示すものでしょう。

この家族持ち名簿から、出身郡で五家族以上のものをあげれば、慶南固城《コソン》、咸陽《ハムヤン》、晋陽、居昌、密陽、咸安、宜寧、陜川、釜山、蔚山、慶北禮泉、高霊、慶州、忠南大徳《テドク》などがあります。固城、咸陽、禮泉は一〇家族を超える数です。

西松組の第二回の名簿は一七八人、追加班名簿には三五人分の記載があります。第二回名簿には家族持ちとともに集団移入されたとみられる単身者の朝鮮人の名前もあります。イ地区の親方であり、これまでに名

前が明らかになっている鄭時金（松原）の記載もあります。第二回名簿には慶北達城出身の家族が多くみられます。追加班名簿は竹田班と晴山班のものです。

家族持ちでは、班ごとに出身郡が集中するものもあり、西松組直営では禮泉、松浦班と坂根班では固城、大久保班では咸陽、久保班では金堤、竹田班では昌原の出身者が多くみられます。

西松組直営の禮泉郡竜宮《ヨングン》面出身、家族持ちの武岡信雄は、西松組の帰国引率者八人のひとりとなっています。武岡は西松組直営の飯場の頭であったとみられます。

図2

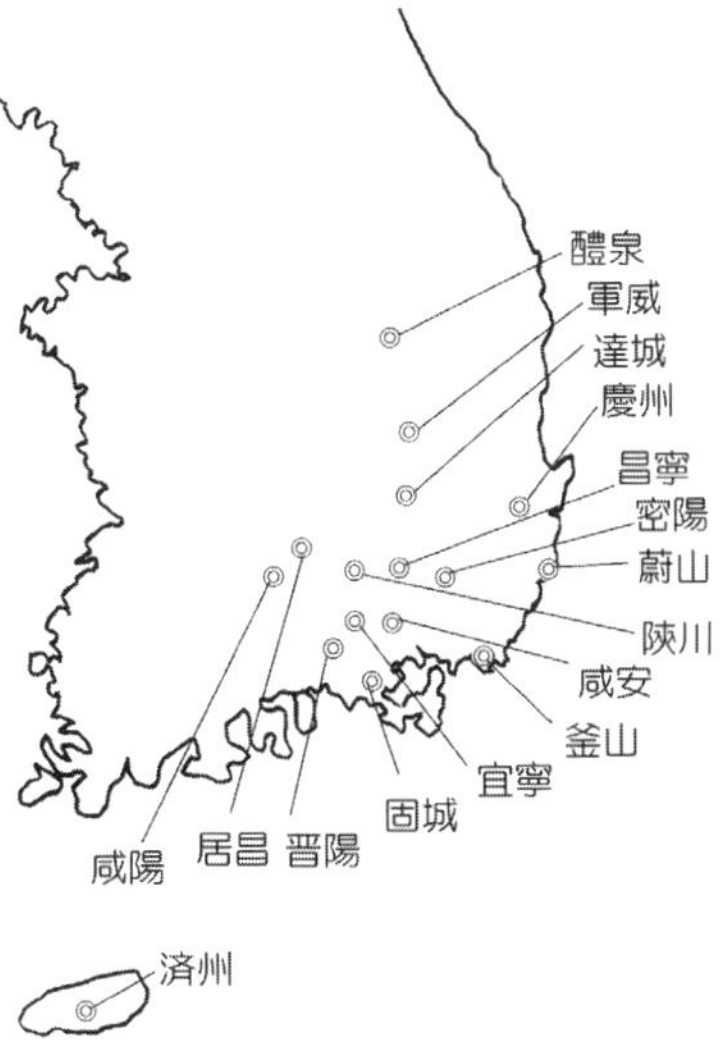

松代大本営工事・家族持ち（西松組）

家族持ち名簿から出身者の多い郡をあげた。

⑥西松組須坂名簿・鹿島組松代名簿の分析

西松組は松代工事関連の須坂の鎌田山や臥竜山の通信施設などの工事も請け負いました。そこに移入されていた五二四人分の朝鮮人名簿もこの史料に含まれています。この名簿は単身者と家族持ちのものであり、一三歳以上が三五八人、それ以下が一六六人です。

単身者では、慶南居昌、昌寧、陜川、慶北大邱、禮泉、安東、軍威、忠南論山のものが多くみられます。家族では、昌寧、禮泉、迎日、軍威、尚州、済州島などの出身者が多いのが特徴です。

西松組関係家族持ち労働者の出身郡については図2にまとめました。

鹿島組の松代作業所名簿は七八人分です。鹿島組は松代の皇族疎開先工事を請け負いました。この名簿は家族持ちと単身者で構成されていますが、家族・単身者ともに清州出身者が多くみられます。金原一郎の名がありますが、これまでの調査では、金原は親方で、一五〇人ほどで川崎から松代に移動したといいます。同郷の金原を頼って渡日した李性国の創氏名とみられる山本性国の名もあります。

このようにこれらの名簿から西松組や鹿島組の配下の単身者の名前や家族持ち労働者の家族の名前、出身地の状況などが明らかになり、それによって動員状況を推定できるわけです。

(2) 長野県での朝鮮人の強制動員現場と朝鮮人の集団帰国

①長野県から朝鮮人八〇〇〇人の帰国

日本の敗戦により、朝鮮人の帰国が始まりました。日本政府は警察を使って朝鮮人の帰国の動向を調査し、長野県の警察部もその動きを収集しました。長野県の警察の集約によれば、一九四五年九月での事業場ごとの帰国予定数はつぎのようになります。

西松組松代工事二〇三二人、西松組松代工事須坂作業所五二四人、鹿島組松代工事七九人、北信土木建築一六七人、中野単板会社一六人、高水土建・金山飯場四三人、志賀鉱山作業場一〇四人、石田組須坂出張所一五二人、大倉土木若宮作業場五四人、大倉土木塩崎作業場二〇人、大倉土木西条作業場四三人、熊谷組日発水力平岡発電工事三一七人、熊谷組松本作業所一一三〇人、松本土建工業七二人、飛島組波多作業場二一九人、大林組松本作業所一三四人、鴻池組松本作業場六二人、丸大組塩尻二三人、松本建築工業西条作業場一三七人、熊谷組岩村田作業場二二六人、日本鋼管鉱業諏訪鉱業所一八六人、飛島組・長野採鉱長野鉄山一〇一人、黒姫山国有林製炭事業場二三人、三恵製作所二七人、昭和電工大町工場八四人、同土建相模組

四八人、同土建贄田組七一人、同土建金森組六一人、同土建下川組四九人、鹿島組日発水力御岳発電工事二二七人、間組日発水力御岳発電工事場一五人、福島町土木建築業一〇〇人、大倉土木上松作業場一八四人、丸大組東部軍浦里工事一二人、西松組東部軍浦里工事五四六人、戸田組東部軍浦里工事一一三人、清水組大萱軍需廠工事場四〇〇人などです。ここには子どもも含まれています。

合計すると八〇〇〇人近い数となります。帰国を求める朝鮮人が多数いたことがわかります。

ここで多数を占める西松組松代工事の朝鮮人が帰国したのは、厚生省勤労局調査（長野県分）によれば、一九四五年一一月に入ってのことです。

②警察史料での集団移入事業場

この長野県警察部史料のなかの「朝鮮人（集団）帰鮮輸送計画資料」、「集団移入朝鮮人ノ第一回帰鮮輸送ニ関スル件」には、官斡旋によるものと記されている事業場があります。

それは、清水組大萱軍需廠工事場、大倉土木上松作業場、間組日発御岳発電工事場、鹿島組日発御岳発電工事場、福島町土木建築業（成田組）、熊谷組日発平岡発電工事場、日本鋼管鉱業諏訪鉱山、浦里村東部軍工事（戸田組・西松組・丸大組）などです。

また、丸大組塩尻、西松組松代工事にも他の記載から、集団連行された朝鮮人がいたことがわかります。

さらに、警察管内別の集計「半島人輸送資料」では、集団と一般とに分けて集計されています。集団は集団移入の略です。この史料からも集団移入された朝鮮人の存在がわかるわけです。

それによれば、和田管内に一九九人、松本に七七三人、松代に二五二人、福島に三一六人、長野に一五〇人、諏訪に一八七人、篠ノ井に七四人、塩尻に三〇人、大町に八四人、上田に六九人、岩村田に二八人であ

図3

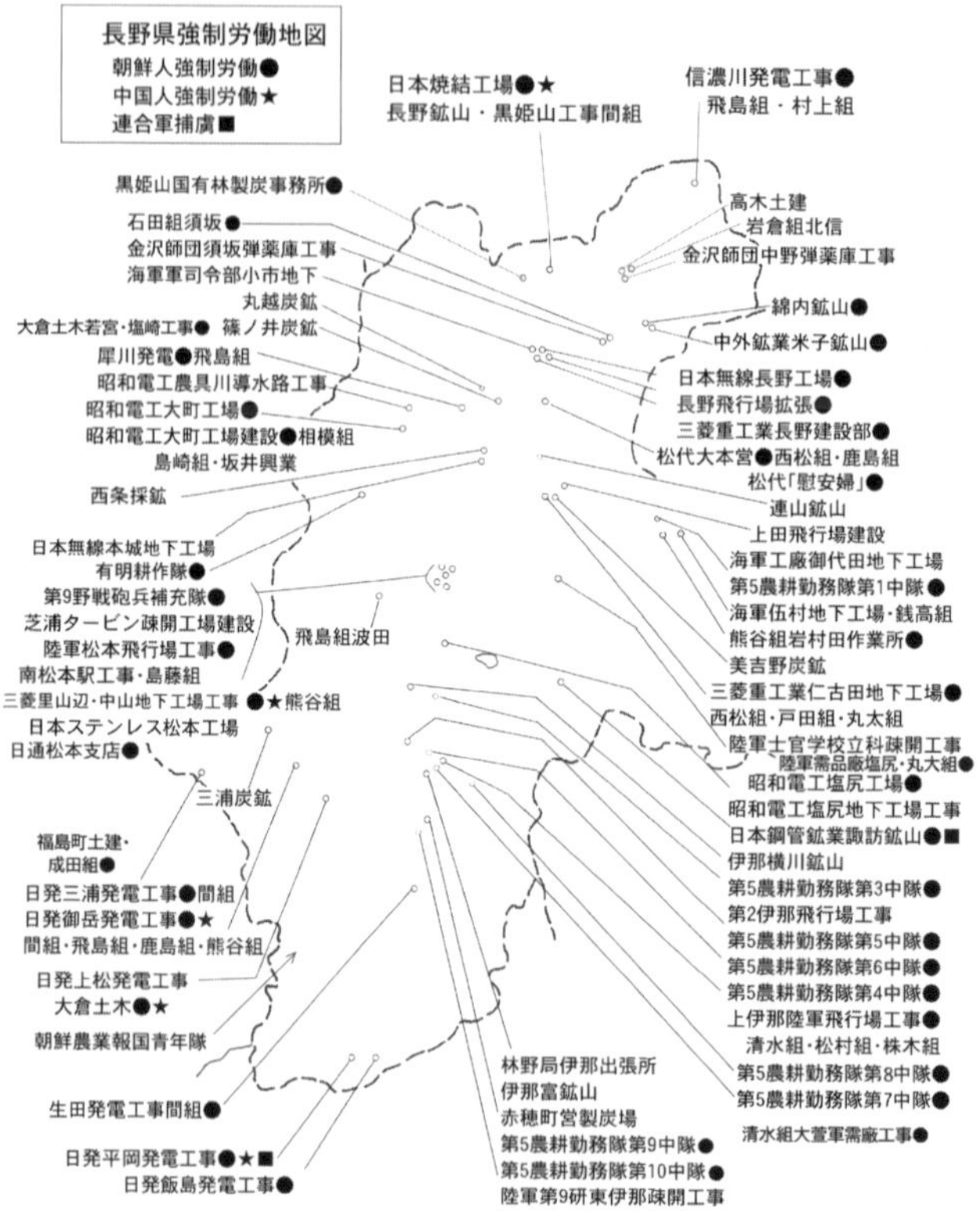

り、合計すると二一六〇人ほどになります。

この松本や和田の集計には、子どもも入っています。動員前後に家族を呼び寄せた朝鮮人を含むものとみられます。この史料からは、この時点で、警察が把握していた集団動員数が判明するわけです。

この史料の警察管内での集団移入・強制動員の現場については、史料の記載に加えて、厚生省勤労局や中央協和会の資料、現地調査の報告などから、以下が判明します。

和田は熊谷組の平岡発電工事関連、松本は熊谷組の三菱重工里山辺地下工場、松代は西松組の松代大本営工事、福島は鹿島組と間組の日発御岳発電工事、および大倉土木の日発上松発電工事、長野は石田組、諏訪は諏訪鉱山、篠ノ井は大倉土木の若宮と塩崎の作業場、塩尻は丸大組の陸軍需品廠集積所、大町は昭和電工工場、上田は西松組、戸田組、丸大組の三菱重工浦里地下工場、岩村田は熊谷組の地下工場。

このように、一九四五年八月末での長野県の主な集団移入の現場がわかります。強制動員先は他にも存在します。（図3）

以上、「帰鮮関係編纂」「内鮮調査報告書類編冊」から、松代大本営工事への朝鮮人集団動員の状況、朝鮮人の集団帰国希望の状況、長野県での朝鮮人の集団移入（強制動員）の現場についてみました。

朝鮮人名簿の分析でみたように、松代の西松組の家族持ち労働者では、慶南咸安、昌寧、密陽、咸陽、固城、慶北醴泉などの出身者が多かったのです。地域別の名簿を作成し、その名簿をもとに、現地調査がすすめばと思います。

（二〇一八年一二月調査）

なお、この資料の概要が上山和雄「米国議会図書館に遺された接収文書」に掲載されています。長野県の動員の概要については『信州から考える世界史』（二〇二三年）に「歩き、学び、考える長野県の朝鮮人強制労働」を記しましたので、参照してください。

(3) 松代大本営犠牲者追悼・平和祈念のつどい

二〇二三年一一月一一日午前、第三五回松代大本営犠牲者追悼・平和祈念のつどいが松代の象山山麓にある松代平和記念館イベント広場で開催されました。主催はNPO法人松代大本営平和祈念館であり、四〇人ほどが参加しました。松代大本営建設工事が一九四四年一一月一一日に始まったことから、市民団体はこの一一月一一日に追悼行事を開催しています。

このつどいは献花に続き、平和祈念館が開会を挨拶、伝統舞踏者の金順子《キムスンジャ》が追悼の舞を踊りました。その舞は、無告の犠牲者の魂に呼びかけ、その想いを薄い布に包みこむように誘い、その布を風にたなびかせては魂を解き放ち、犠牲者の想いを胸に誘い込んでは慈しみ、ここに集う者たちとの交わりの空間を形づくるようにすすみました。

舞の後、黙祷がなされ、松代大本営平和祈念館の建設にむけての募金の状況、戦争遺跡保存の動き、松代地下壕の案内活動の状況などの報告がありました。報告後、富山、東京、静

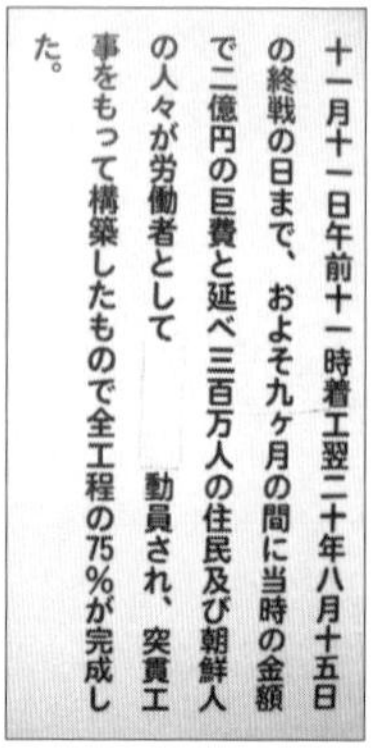
十一月十一日午前十一時着工翌二十年八月十五日の終戦の日まで、およそ九ヶ月の間に当時の金額で二億円の巨費と延べ三百万人の住民及び朝鮮人の人々が労働者として　　動員され、突貫工事をもって構築したもので全工程の75%が完成した。

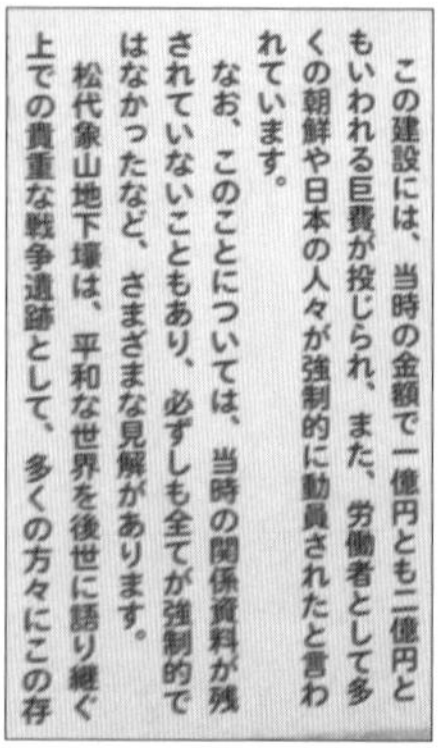
この建設には、当時の金額で一億円とも二億円ともいわれる巨費が投じられ、また、労働者として多くの朝鮮や日本の人々が強制的に動員されたと言われています。
なお、このことについては、当時の関係資料が残されていないこともあり、必ずしも全てが強制的ではなかったなど、さまざまな見解があります。
松代象山地下壕は、平和な世界を後世に語り継ぐ上での貴重な戦争遺跡として、多くの方々にこの存

右　「強制的に」を白テープで隠した2014年時の説明板（松代大本営追悼碑を守る会のパンフレットから）。
左 2023年時点の説明板、強制動員を伝聞とし、否定論を記述。

岡など各地からの参加者が発言しました。松代現地の報告では、父が地下壕建設に動員されたこと、その後も塵肺で苦しんだこと、追悼することの意義などが語られました。

松代大本営の工事では六〇〇〇人に及ぶ朝鮮人が動員されましたが、死者で氏名が判明している者は四人にすぎず、そのうち一人は創氏名のままです。一〇年前からは行政が強制動員の事実を認めないようになりました。このような状況は、いまも植民地主義が継続し、その清算がなされていないことを示しています。

一一日の午後には、象山壕入口付近にある「もうひとつの歴史館・松代」などの実行委員会が「第三二回マツシロ一一・一一のつどい」を地下壕内でもちました。ここには一〇人ほどが参加し、長野や東京の労働組合や平和運動のメンバーが想いを語りました。

ここで、松代大本営の説明板に関する動向、調査についてみておきます。

長野市は二〇一三年八月に象山地下壕の説明板にある「強制的に動員され」という表現の「強制的に」を白ガムテープで隠しました。すでに壕案内のチラシでは同年四月に「動員されたと言われています」と変えられていました。さらに二〇一五年のチラシには「必ずしも全てが強制的ではなかったなど、さまざまな見解があります。」という表現まで加えられました。

長野市は「強制動員」の歴史を否定してひとつの説とみなし、さらに歴史否定論の存在を認めて史実を相対化してしまったのです。また過酷な強制労働の実態を示す表現もありません。第二次安倍政権発足後の長野県での出来事です。

ところで、二〇一八年に長野県警察部「帰鮮関係編纂」の松代大本営関連工事での二四三二人の帰国者名簿が明らかにされました。この名簿は家族を含むものですが、松代のグループは名簿分析を行

象山壕入口にある市民団体の祈念碑には「強制連行され、過酷な労働を強いられ」と刻まれている（1995年建立）

い、出身地別・年齢別に分類しました。また清野村の「内地在住朝鮮同胞戸籍及寄留調査手帳」（六冊）から一六六人の朝鮮人の氏名や戸籍情報が判明しました。信濃毎日新聞は「帰鮮関係編纂」の名簿を手がかりに現地調査を行い、八人の証言を得ました（二〇二〇年二月連載）。

ＮＨＫはこれらの名簿を手がかりに現地調査をおこない、「幻の地下大本営極秘工事はこうして進められた」を制作しました（二〇二三年九月三〇日、ＢＳ１放映）。ここでは、朝鮮からの強制的な動員があり、そのなかに死亡者が存在すること、日本人も当時は反対できずに協力を強いられて動員され、その後塵肺で死亡した者もいること、さらに清野村の朝鮮人名簿の分析から松代に動員される前には秋田の鉱山、富山の発電工事、東京の地下壕工事、長野の発電工事、愛知の地下施設工事の現場にいたことも示されました。

二〇二三年には長野県強制労働調査ネットワーク編『本土決戦と外国人強制労働』（高文研）が出され、松代大本営に関する報告も収録されています。強制動員の調査は進展しました。

ここでみてきたように「帰鮮関係編纂」には、土木工業協会の書式による西松組の「移入朝鮮人労務者名簿」が含まれています。ここには統営隊、金堤隊など、集団連行した郡を示す記述もあります。この西松組名簿史料は、西松組直営の現場に配置された連行朝鮮人の存在を示すものであり、「移入朝鮮人労務者」という名の強制動員者を示す貴重なものです。

強制動員はあったのであり、伝聞ではなく事実です。日本の戦争のための労務動員が植民地とされて民族の主権や氏名を奪われた朝鮮人にとって強制であったことは当然です。

（二〇二三年一一月調査）

4 「日本の産業遺産と消える声　記憶・人権・連帯」

二〇二三年六月九日、ソウルで国際会議「日本の産業遺産と消える声　記憶・人権・連帯」がもたれました。会議は東北アジア歴史財団の主催により、四部構成で進行しました。

(1) 世界遺産と記憶・人権・連帯

アンドリューゴードンは「日本の産業遺産の狭い公共歴史」の題で、日本の産業革命遺産展示の問題を、技術的成功と西洋技術への熟練のみを強調し、日本を美しく描こうとしていることにあると指摘しました。ゴードンは、そこでは戦時の強制労働だけではなく、明治以降の囚人労働、女性の坑内労働、納屋での私刑など過酷な労務管理、爆発事故や落盤事故など労働災害、コレラによる死亡など当時の劣悪な衛生環境、富国強兵との関係、日本帝国を築く基盤となったことなどが記されていない。また訪問した小樽や夕張など北海道の「日本遺産」での説明は、明治の産業遺産と同様の歴史修正主義であると指摘しました。そして、歴史が肯定的、愛国的、観光的な目的で美しく語られている状態を批判し、労働者の歴史を示し、過去を直視すべきとまとめました。

徐ヒョンジュは「ヨーロッパの植民地賠償での動向」の題で、賠償の権利の内容とヨーロッパでの植民地主義の克服をめぐる動きについて話しました。

徐は二〇〇五年一二月の「重大な国際人権法、国際人道法違反の被害者の救済と賠償に関する権利の基本原則とガイドライン」を示し、賠償に関する権利には原状回復、補償、リハビリテーション、満足、再発防止保障などがあり、金銭的補償だけではないとしました。徐は、イタリア・リビアの協定、イギリスによるケニア・マウマウ弾圧への補償、ドイツによるナミビアでの残虐行為、ベルギーのコンゴ植民地支配、オランダによる奴隷貿易の事例を示し、加害事実の認定が不十分であったり、補償金が中断したり、認定はしても法的責任は否定したり、合意しても被害者が反発したりとさまざまな問題があることを指摘しました。そして、賠償には補償や社会変革プロジェクトなどさまざまな形があるが、何が重要かを決めるのは犠牲者自身であり、相手に耳に傾けることが大切としました。

金敏喆《キムミンチョル》は「東アジアの移行期正義の視点からみた日本の産業遺産」の題で話しました。

金は、安倍政権が明治産業遺産登録と強制動員大法院判決を経て、強制労働の歴史否定に行きついたことを示し、その論理の特徴を、植民地合法論によって国際法上の強制労働規定に反しないとすること、自発的な金銭目当ての渡航であって強制動員ではないとすることとまとめました。

金は、ファリダ・シャヒードの歴史記述、教育、記憶、記念（追悼）事業など文化的権利に関する二つの報告書、ファビアン・サルヴィオリの報告「移行期正義の措置と植民地状況下で行われた人権および国際人道法の重大な侵害の遺産への対応」、国際法曹協会の「公共の場で論争されている歴史　原則、手続き、模範事例」報告などを紹介し、そこから民主的価値、包括性、歴史的正義、透明性、証拠基盤などの原則を示し、公共の記念物は市民参加や批判的思考、過去の出来事に関する討論を刺激し、他者との対話を拓くように機能すべきとしました。そして、産業遺産情報センターは東アジア共同の記憶センターになるべきとまとめました。

⑵　日本の産業遺産と争点

ニコライ・ヨンセンは「産業遺産と外国人強制労働　日本の歴史修正主義のグローバルな舞台となったユ

ネスコ世界遺産」の題で話しました。

ヨンセンは、明治産業遺産の世界遺産登録でその資産（鉄鋼、造船、炭鉱）での外国人強制労働の歴史が否定され、さらに強制動員の歴史を持つ佐渡鉱山をユネスコの世界遺産に登録しようとしていることに疑念を示しました。

ヨンセンは、ユネスコの世界遺産は人類にとって顕著な普遍的価値のある場所の保護であるが、日本は世界遺産で戦時の強制労働の歴史を否定することを狙い、日本企業はそのような歴史物語の作成に関与している。日本が強制労働を否定するという行為は被害者に対する二次的な犯罪であり、ユネスコの世界遺産の目的に反するものである。それは外国人観光客と地元の人々の両方に悪影響を与えることにもなると話しました。そして日本が被害者や関係国と真摯に対話しないならば、ユネスコは明治産業遺産を世界遺産登録から削除し、強制労働の歴史を持つ他の日本の産業遺産については登録すべきではないとしました。

野木香里は、「産業遺産情報センターの忘却と歪曲の歴史づくり」の題で、産業遺産情報センターの「ゾーン3資料室」に展示された端島の元住民一八人の「証言」映像を分析しました。

野木は、元島民一八人に対する面談は加藤康子（当時は内閣官房参与、現センター長）が主導したとみられる。そのうち一九四五年以前から炭鉱関連の労働に従事した四人の「証言」映像は強制労働の歴史を否定する内容がほとんどであり、特にウェブサイト「軍艦島の真実」に掲載されている映像に多く出演する松本栄の「証言」映像は強制労働の歴史を否定するための映像となっていると指摘しました。

野木は、強制労働の否定という編集意図により、朝鮮人労働に関する不明確な話や幼い頃の話が利用され、元島民の多様な経験の話が排除されている。センターは強制動員の歴史、民族差別などの本質を説明するものになっていない。また犠牲者の追悼をするものにもなっていないとまとめました。

(3) 日本の産業遺産と多様な声

金丞垠は「日本産業遺産と韓国人被害者が語る強制動員」の題で、強制動員被害者の口述記録の収集状況と展示方法について話しました。

金は、旧強制動員委員会が収集した口述記録は二〇〇〇件ほどであり、二〇〇人ほどが公開されたが、委員会の終了により多くが非公開となっている。日帝強制動員被害者支援財団が二〇二〇年から口述収集活動をはじめ、民族問題研究所がその事業を受けて一三〇人ほどと面談したことを話しました。

金は、産業遺産と強制労働の展示会を植民地歴史博物館（二〇二二年）、国立日帝強制動員歴史館（二〇二二年）を経て、戦争記念館（二〇二三年）とすすめてきた経過を示し、その過程で、八幡製鉄所の金圭洙《キムギユス》、李天《イチヨン》求《グ》、朱錫奉《チユソクボン》、長崎造船所の金成洙《キムソンス》、裵漢燮《ペハンソプ》、金漢洙《キムハンス》、高島炭鉱の孫龍岩、鄭福守、端島炭鉱の崔璋燮、李正《イジヨン》玉《オク》、三池炭鉱の柳奇童《ユギドン》、孫仲求《ソンジユング》ら一二人の強制動員被害者の証言映像を制作したことを紹介しました。そして犠牲者の追悼と記憶、その尊厳の回復に向けて、これらの映像を「ともに聴く」ことを呼びかけました。

新海智広は「日本の産業遺産と中国人の強制連行・強制労働」の題で端島炭鉱での事例から産業遺産情報センターの展示を批判しました。

新海は、明治産業革命遺産の関連では、日鉄・釜石鉱山に二八八名、日鉄・二瀬炭鉱に八〇八名、日鉄・八幡港運に二〇一名、三菱・高島炭鉱に四〇九名、そして三井・三池炭鉱に二四八一名、合計四一八七名の中国人が連行され、その約一八％にあたる七五五名が帰国までに死亡した。敗戦後に日本政府に提出された端島の「事業場報告書」では中国人墜落死が「睡眠不足」とされるが、証言では監督がけり落としたものという。産業遺産情報センターには中国人に関する説明がないが、センターを運営する「産業遺産国民会議」は中国人の強制労働を否定する映像を編集している。しかし実際には中国人が採炭労働を強制されていたとし、史料や証言から中国人の強制労働の実態を示しました。

新海は、中国人強制連行については二〇一六年に三菱マテリアルがその事実を認めて謝罪し、和解している。日本政府も事実を認めている。歴史を隠してはならない。中国人の強制連行と強制労働の事実は、産業遺産情報センターに必ず展示させる必要があると報告をまとめました。

デヴィッド・パーマーは「三菱長崎造船所と三井三池炭鉱でのオーストラリア人捕虜たち」の題で話しました。ここではオーストラリア国立公文書館のデジタル資料から三池炭鉱に連行されたビクトリア州捕虜八五人の記録の分析が報告されました。

パーマーは、八五人のうち七二人が泰緬鉄道での強制労働を経て三池に連行された。捕虜登録票には収容者が門司港を経由して入国した日、福岡県大牟田の第一七収容所に到着した日などが記録されている。この捕虜登録票からビクトリア州の捕虜に関する記録を作成したと報告しました。そして三菱長崎造船でのアラン・チック、ピーター・マクグラス・カー、三池でのイアン・ダンカン、トム・ユーレン、デビッド・ルンゲ、モーリス・フィン、エドワード・マクベイなどの記録から強制労働と虐待の実態を具体的に明らかにしました。たとえば、デビッド・ルンゲは三池の現場で抵抗したため、拷問を受け、両足が壊死し切断を強いられました。

パーマーは、研究では捕虜を労働者として捉えることで、帝国主義の戦時経済の運営や過酷な労働形態を分析したいとし、強制労働と奴隷労働はいかなる時にも容認されない、日本は全強制労働者に与えた過去の不正を糺さねばならないとまとめました。

⑷　日本の産業遺産の現在

わたしは「佐渡鉱山・労務係の記録からみた強制労働」の題で、佐渡鉱山での朝鮮人強制動員の概要と佐渡鉱山の労務係だった杉本奏二の手記、労務係の渋谷政治への聞き取り記録から、強制動員と労働の実態を、以下のように報告しました。

杉本は、動員について、募集の方法は官庁斡旋なので、郡庁の労務係が面事務所の労務係を督励して人員を集め、警察で身元調査をして、思想の良いのを渡航させる方法になっていたという。渋谷は、ここよりもっといい暮らしができると募集した。扶余からは私と杉本の二人で連れてきたが、汽車が停車すると逃げるので、一つの汽車を貸し切り、杉本と私は両端にいて逃げないようにした。一睡もせず連れてきた。私達は一人も逃がさなかったという。現地での労働については、杉本は、勤労課としては、稼働の悪い連中に弾圧の政策を取り、勤労課に連れ来りなぐるける、はたでは見ていれない暴力でした。彼等にすれば強制労働をしいられ、一年の募集が数年に延期され、半ば自暴自棄になって居た事は疑う余地のない事実だと思いますと記している。

このような記録から、強制労働は否定できない事実であるとまとめました。また、現在の日本政府による強制労働の否定とそれを追認する韓国政府の肩代わり策は被害者の尊厳回復にはならないとしました。

吉澤文寿は「佐渡鉱山朝鮮人労働者をめぐる歴史研究の現況」の題で佐渡鉱山での朝鮮人強制労働の調査・研究の現状を示し、歴史否定論を批判しました。

吉澤は新潟での一九八〇年代からの調査・研究の経過を示し、一九九一年に相川町史編纂室の本間寅雄から佐渡鉱山の相愛寮の煙草配給台帳を林道夫と張明秀が得て、現地調査を行ったこと、市民が「過去・未来

―佐渡と韓国をつなぐ会」を結成し、九二年には鄭炳浩、盧秉九、李相鎬《イサンホ》、被害者遺族の金平純、李吉子《イキルジャ》らを招待し、証言集会を持ったこと、九五年にも証言集会を開催し、厚生年金未払金問題にも取り組んだことなどを紹介しました。

また、吉澤は、強制労働を否定する西岡力らの言説は歴史研究ではなく、日本の植民地支配の加害性の否定という一点で運動をしているものであり、研究成果にあたらない。歴史研究を目指すものではないため、学問的手続きが無視され、杜撰である。佐渡鉱山の朝鮮人労働者の歴史を考察する上でこのような「言説」を極力退けていく必要があると指摘しました。そして、強制労働に関する貴重な研究成果とそれを否定する謬見を同列に並べて「両論併記」する現在の報道の問題点をあげ、これまでの研究成果に真摯に向き合うべきとまとめました。

(5) 展示「消えていく声 戦争と産業遺産・忘れられた犠牲者の話」

二〇二三年六月八日から九月八日までソウルの龍山区にある戦争記念館で「消えていく声 戦争と産業遺産・忘れられた犠牲者の話」の展示が開催されました。

この展示は、明治産業革命遺産の八幡製鉄所、長崎造船所、高島炭鉱、三池炭鉱と世界遺産登録が申請されている佐渡鉱山での朝鮮人の強制労働に関するものです。展示は強制動員の博物資料と証言映像を中心に構成され、連行された中国人や連合軍捕虜に関するものもありました。また、世界遺産とされた各地の鉱山や炭鉱での強制労働に関する解説もあります。

産業遺産関連の主な展示物は、金順吉「日記」(長崎造船所に動員)、崔璋爕「自叙録」(端島への動員手記)、三池炭鉱動員朝鮮人集合写真、「保険料領収証」(高島、徐達文《ソダルムン》)、「特別据置貯金証書」(高島、徐達文)、「保険

料領収証」（佐渡、金鍾元《キムジョンウォン》）、「相愛寮煙草台帳」（佐渡）、「死亡証明書」（端島・表相萬）などがあります。また、端島に動員された金先玉《キムソンオク》、崔璋燮、佐渡に動員された金珠煥《キムジュファン》、金鍾元、申泰喆らの強制動員被害認定関係書類も展示されていました。

証言映像は五つの場所に設置されていました。そこでは、八幡製鉄所に強制動員された金圭洙、李天求、朱錫奉、長崎造船所の金成洙、裵漢燮、金漢洙、高島炭鉱の孫龍岩、鄭福守、端島炭鉱の崔璋燮、李正玉、徐正雨《ソジョンウ》、三池炭鉱の柳奇童、孫仲求、佐渡鉱山の朴仁赫《パクイニョク》、金周衡などの証言に接することができました。連合軍捕虜のレスター・テニー、中国人の李慶雲《リチンユン》などの証言もありました。映像コーナーの充実が今回の展示の特徴でした。

（二〇二三年六月調査）

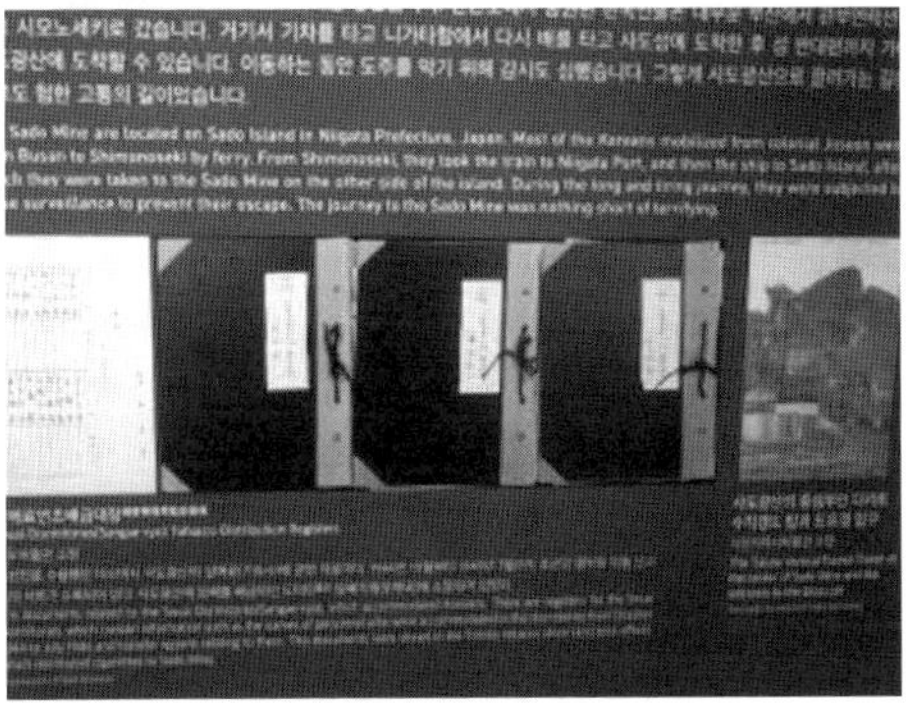

上　「消えていく声 戦争と産業遺産・忘れられた犠牲者の話」の展示案内
下　佐渡鉱山の展示

第5章　強制動員問題（徴用工訴訟）の解決へ

1　強制労働否定論の特徴

(1)「朝鮮人強制連行はプロパガンダ」

はじめに朝鮮人強制労働否定論についてみておきます。

西岡力編『朝鮮人戦時労働の実態』という本が二〇二一年に出ています。発行は産業遺産国民会議です。この本は歴史認識問題研究会のメンバーが主に執筆し、朝鮮人強制労働を否定するものです。会長の西岡力が「強制連行プロパガンダ」論、請求権協定解決済み論などを展開し、事務局長の勝岡寛次が強制連行調査やその強制連行認識の運動史を記し、事務局次長の長谷亮介が動員された労働現場の実態について記しています。また、弁護士の和田衞、岡島実が強制連行関係の裁判経過や韓国徴用工判決の問題点を記しています。

歴史認識問題研究会の発足は二〇一六年であり、麗澤大学のモラロジー道徳教育財団・歴史研究室に置かれました。この研究会は明治産業革命遺産の世界遺産登録の動きのなかで発足し、二〇一八年の韓国大法院の徴用工判決以後、強制労働の歴史否定の活動を強めています。

西岡力は強制連行・強制労働を否定する『でっちあげの徴用工問題』（二〇一九年）でつぎのように記して

いました。

大法院判決には日本統治を当初から不法とする奇怪な観念（日本統治不法論）がある。朝鮮人戦時労働者は合法であり、強制連行や奴隷労働ではなかった。日本統治不法論によって反人道的不法行為に化ける。これを認めたら、日本統治時代のあらゆる政策が不法とされ、無限の慰謝料請求がなされかねない。それは日韓関係の根本を揺るがす危険な論理である。日韓請求権協定により、請求権に関しては今後いかなる主張もなしえないとされた。企業を守る体制を官民挙げて作る必要がある。韓国併合一〇〇年日韓知識人共同声明をすすめ、日本統治不法論を提供し、裁判を支援した日本人がいたが、かれらが日韓関係を悪化させた。官民が協力して、戦時動員は強制連行ではない、戦後補償は請求権協定で終わっているという国際広報をおこなうべきである（要約）。『朝鮮人戦時労働の実態』もこのような内容です。

この本の第一の特徴は「強制連行プロパガンダ」の主張です。それは日本発であり、「日韓友好の敵」とみなします。強制連行という用語は、朴慶植『朝鮮人強制連行の記録』によるものであり、一九八〇年半ば以降に広がったが、その後継者が金英達、山田昭次、外村大、竹内康人らであるとします。

西岡らは、強制連行論は「恣意的な資料の取り上げ方」による「極めて悪質なデマゴギー」（九三頁）、「学問的不誠実」（四頁）なものとします。教科書への記載は朴慶植以来の偏向した「学説」の反映であり、歴史的事実を反映したわけではない（一〇二頁）といいます。また、韓国での「反日種族主義」論は、強制連行論への韓国内部からの強烈な「学術的批判」である（一〇四〜〇五頁）とも記しています。

この本では、「韓国併合」を「日韓併合」と記し、「植民地支配」とは記さずに「日本統治」としています。それは朝鮮の日本統治が正しいものであり、植民地支配とはみなさないという認識があるからです。

(2)「朝鮮人戦時労働の自発性」

第二は、戦時に動員された朝鮮人は強制的ではなく自発的に流入した人びとが主流とみなしていることです。この本では戦時の労務動員での強制性を否定するために自発性を強調し、「朝鮮人戦時労働」という規定を使い、つぎのように記しています。

朝鮮人の戦時動員は、官主導の「集団就職」のようなものである(四頁)。奴隷狩りのような連行とたこ部屋での奴隷労働とはかけ離れていた(三頁)。「高い賃金を求め内地(樺太と南洋を含む)にわたり建設現場などで働こうとしていた雪崩のような大量の人の流れを統制して、比較的人気がないが戦争遂行のために必要な炭鉱、金属鉱山などに動員しようとした政策であり」、動員しても逃亡が多く、「朝鮮人の一部しか統制できず、失敗した」(一五頁)。また、当時の資料での強制的に連行したという内容の記載も「例外的に無くはないが、動員期の文書をよく読み込めば、その圧倒的多数を占めるものは、「強制連行」を否定する内容の記載でしかない。」(一〇〇頁)とも記しています。

このように戦時の労務動員を自発的な出稼ぎ労働によるものとしています。しかし、政府による国家総動員体制での植民地朝鮮からの労務動員政策を自発的な出稼ぎ労働とみることは無理です。北海道炭礦汽船などの戦時の炭鉱への動員史料をみると、動員の際に割当てられた数を動員できないと残数を指定し、数か月後に再度駆り集めることがおこなわれています。動員は執拗なものであり、国家の強制力を持ってなされました。動員を統制することができず「失敗した」と記していますが、戦時動員が国家権力を背景とするものであったことは否定できません。

動員された現場では、強制貯金などで移動の自由が制限され、暴力を含む労務管理によって労働が強制されました。植民地統治下では日本に移住せざるをえない人びとが生まれましたが、それも植民地支配という強制性によるものです。動員政策に自発性を対置し、動員の強制性を否定することなどできないのです。

第一次世界戦争以降、総力戦体制がとられ、植民地からの動員もなされました。日本も国家統制を強めて総力戦体制を構築し、朝鮮からも多くの民衆を動員したのです。その動員に強制力がなかったとする彼らの議論は「学説」に値しません。

⑶　恣意的な史料解釈

第三に、動員と労働の実態についての史料解釈が恣意的です。

この本では、戦時の動員朝鮮人数について、「出入国管理とその実態」（一九五九年、法務省入国管理局）の六三万五〇〇〇人を推定動員数とします（二九頁）。各年度の動員数が明示されている朝鮮総督府、厚生省、大蔵省、内務省などの史料の数値は採用しません。軍務での動員についてはふれていません。実態をつかむためには、内務省の内鮮警察の史料に着目すべきでしょう。

当時の朝鮮人の労務動員は欺罔や命令によっておこなわれています。民族の主権を奪い、皇国臣民化政策で氏名や言葉も奪うなかでの動員でした。拒むことができない動員実態があり、甘言で騙しての動員もありました。日本製鉄などの工場は一九四四年一月に軍需会社に指定され、募集や官斡旋で動員されていた朝鮮人も軍需徴用されました。

この本では、韓国大法院判決で勝訴した日本製鉄原告四名について、徴用令以前に自らの意思で来たのであり、徴用工ではなく「戦時朝鮮人労働者」（四三頁）であるとします。しかし、四人は軍需徴用されていますから徴用工です。判決では、組織的な欺罔による動員がなされ、危険な労働に従事され、強制的に貯金され、外出も制限され、過酷な殴打もなされたという強制労働があり、反人道的不法行為であると認定されています。それについては言及しません。

この本では、動員は法律の範囲内であり、暴力的な動員は一般的ではなく、企業側に暴力的に日本に連れてくるという考え方はなかったとします。その例として、住友歌志内炭鉱の一九四二年八月の事例から、契約の強制的な更新がなされていたとみなすのは不可能とし（五五頁）、（北炭）空知炭鉱の「移入半島人連行心得」の記載から、慎重で丁寧な朝鮮人動員を心掛けたのであろう（五二頁）と判断します。また、「特高月報」の記載から、朝鮮人側が原因で争議が起こされた（五八頁）。朝鮮人の方が暴力的である（六一頁）。逃亡の理由は他の職場への転職である（六六頁）。（逃亡が多く）給料日には現金で一〇円以上渡さず、残りは貯金・送金させていた（六七頁）などと記しています。そして、動員者を丁重に扱う旨が明記されている。暴力による動員は一般的ではない。暴力によって抑圧したのではなく、朝鮮人労働者が暴力を起こした。このようにみなし、強制連行・奴隷労働の学説的根拠は乏しく、歴史的事実とはいえない（七三頁）と結論づけています。

一九四四年には契約の強制的な更新がいっそう強化されています。北炭の場合、一九四四年四月に軍需会社に指定され、動員された朝鮮人は軍需徴用され、再契約の強制も強化されました。一九四二年の再契約状況を示す資料のみをあげての議論は恣意的です。その後の再契約の強制の実態をみるべきです。北炭の空知炭鉱への動員の文書での丁重な扱いの記述は、逃亡させないために丁重に扱うことを求めるという意です。「特高月報」からは、事業所による強制的な動員、再契約の強制、暴力と拘束による強制労働の存在を知ることができます。それを記さずに、逆に、朝鮮人を暴力的と表現していますが、それは、恣意的な読解によって強制労働を否定する行為です。

この本では、官斡旋で「逃亡を防ぐため、集められた労働者は五〇人から二〇〇人の隊に編成され、隊長その他幹部を決め統制をとり、団体で引率され渡航した。隊編成は炭鉱などに就労してからも維持され、各種の訓練が実施された。」（三七頁）と記しています。これは集団統制しての強制的な動員がおこなわれていたことを示すものです。、当時、徴用で「暴力的に日本へ連れてくるという考え方はない」（四九頁）と記していますが、徴用は罰則を持つ動員命令です。植民地の民衆にとってはそれが暴力であり、意思に反する連行であったことを理解すべきでしょう。

⑷　日本統治合法論

第四に、日本の植民地支配を不法とする論を「統治不法論」（九頁）とみなして批判します。日本による統治を合法とする論（日本統治合法論）の立場というわけです。

かれらは日本による「統治不法論」を日本発の思考とし、大法院判決を批判します。二〇一〇年の和田春樹らの「「韓国併合」一〇〇年日韓知識人共同声明」が大法院判決に影響を与えたとみなすのです（一六七頁）。日韓関係の悪化の張本人が「反日日本人」（一八〇頁）であり、その活動によって韓国の国家権力による「不法統治ドグマ」が確立されたというのです（一八六頁）。

この本では、韓国大法院判決は、日本統治を不法で反人道的な植民地支配とする特定の歴史観の公権化であり、歴史認識・研究への公権力のあからさまな干渉・介入である（一八四頁）、韓国司法の「歴史的汚点」（一八一頁）であるとします。また、判決は五五年間の日韓の友好・協力関係を決定的に破壊する（一八三頁）、このような判決は他国でもなされる可能性があり、それは戦後の国際秩序全体を揺るがすもの（一八四頁）と記しています。そして、請求権協定は被徴用者への不法行為に起因する請求権も含むものであり、請求権協定で解決済みとし、韓国政府が自ら対応すべき問題とするわけです。

今後の課題として、財団や基金に出資する企業が出るかもしれないから、そうならないように企業を守る体制を官民あげて作る必要がある（一七三頁）。「政治・外交当局による事態収拾の努力」（二〇一頁）が必要とします。そして「歴史研究者からの積極的働きかけ」や韓国での「反日種族主義論」と日本側の連携を呼びかけ、「歴史認識研究会や、産業遺産情報センターの働きは重要」（二〇二頁）と結語するわけです。

かれらのいう日本「統治不法論」は日本発の思考でしょうか。日本による朝鮮半島の占領による植民地化を不法とする考え方は、植民地化に抵抗し、そこからの独立を求めた朝鮮半島の人びとの中にあった想いです。国交回復のための日韓会談でも韓国側は日本の支配を不法と主張しています。日本発の主張ではありません。日本による韓国の支配を、強制占領、不法統治とみなす見方は、韓国内では定着しています。その歴史観は「不法統治ドグマ」ではないのです。

韓国大法院判決は、戦時の朝鮮人の強制動員を「日本の不法な植民地支配や侵略戦争の遂行に直結した日本企業の反人道的不法行為」とし、強制動員被害への慰謝料請求権を認めました。この権利を判決では「強制動員慰謝料請求権」と略記しています。それは、動員された被害者を救済するための論理であり、大法院の裁判官の多数が支持した見解です。動員被害者が企業に対して反人道的不法行為である強制動員への慰謝料請求権があるとする立論は可能であり、判決には説得性があります。判決は「歴史的汚点」ではなく、国際人権法と国際人道法に合致した画期的なものです。反人道的不法行為に対する被害者の救済、正義の実現と尊厳の回復が求められます。韓国政府に被害者救済の責任を転嫁するのではなく、動員した日本政府や企業がまず責任をとるべきなのです。

今後は、日韓政府、関係者で協議し、財団や基金を設立するなど、強制動員被害の救済に向けて解決策を立てることが求められます。「歴史認識研究会」や、「産業遺産情報センター」でみられる強制連行・強制労働の歴史を否定する「プロパガンダ」こそ克服されるべきです。

かれらは強制連行を「都合の悪い資料を意図的に無視する偏った議論」、「学問的不誠実」と批難し、「歴史プロパガンダと戦い、真の日韓友好関係の構築を」と主張します。しかし、「プロパガンダ」を行い、「都合の悪い資料を意図的に無視する」する「極めて悪質なデマゴギー」、「学問的不誠実」をおこなっているのは、強制労働の歴史を否定する人びとです。

このような歴史否定の動きを受け、菅義偉内閣は二〇二一年四月に強制連行・強制労働の用語を「適切ではない」と閣議決定し、教科書の記述への介入をすすめました。強制連行や強制労働があったこと自体は否定せず、適切ではないと表現して実際には否定していくという手口です。彼らの主張が自民党などの政治家に影響力を持ち、ヘイト集団の行動を助長させていることが問題です。

(5) 朝鮮総督府「第八十五回帝国議会説明資料」を読む

朝鮮人強制労働否定論は、強制連行はプロパガンダ、自発的な渡航が多い、強制も差別もなかったなどと喧伝するものです。ここで朝鮮総督府による帝国議会での説明用史料をみてみましょう。この史料からも植民地朝鮮からの強制的な動員を知ることができます。

紹介するのは一九四四年八月の朝鮮総督府「第八十五回帝国議会説明資料」の「第一　治安概況」の「一三、労務動員ニ伴フ民心ノ趨向並ニ之ガ指導取締状況ニ付承リタシ」という項です。そこには朝鮮からの動員の状態について次のように記されています。

朝鮮ニ対スル戦時要請中、労務ノ需要ハ年々飛躍的ニ増加シ本年度ニ於テハ当初内地、北方、南洋向約三十万、軍要員三万、鮮内七十一万三千七百、計百四万三千七百名ノ動員見込ニテ既ニ年々相当量ノ労務者ヲ動員シ居ル関係上、其ノ給源モ漸ク窮屈トナリ、本年度ハ官斡旋ノミヲ以テシテハ到底庶幾ノ動員至難ヲ想ハシムルモノデ、一般徴用ノ全面的実施ニヨリ、本春以来実施セル鮮内重要工場、鉱山事業場ニ於ケル労務者ノ充足ヲ図ルト共ニ従来ノ官斡旋ヲモ益々之ヲ強化併行シ、朝鮮内外ノ需要ニ充当スベク着々準備ヲ進メツツアリシ処、今回戦局ノ要請ニヨリ突然新ニ内地ニ於ケル海軍施設部、造船工場、石炭、金属山其ノ他ノ要員トシテ十万名、軍要員トシテ五万名ニ達スル労務者ノ追加送出方要請アリ。朝鮮ノ現況トシテハ前述ノ如ク尠カラズ無理ナルモ戦局ノ推移上、万難ヲ排シテ之ガ要請ニ応ウルコトニ決定セルガ、近年労務者階層ハ生活環境ノ好転ニヨリ、移入或ハ斡旋労務者タルコトヲ好マザルノミナラズ一部戦線ノ不利乃至内地ニ対スル頻々タル空襲ヲ憂慮シ之ガ忌避行為ニ出ズル者漸次増加セルヲ以テ本年初頭以来、専ラ指導啓蒙ニ重点ヲ注ギ即チ全鮮各警察署ヲシテ小講演会、座談会、紙芝居等ヲ反覆開催シ、時局認識ノ昂揚並ニ国体観念ノ啓培ヲ図リ以テ勤労ニヨル殉国精神ノ注入ニ努ムル等、百方手段ヲ尽クシテ勧奨シ猶肯セザル者ニ対シテハ一罰百戒ノ見地ヨリ取締ヲ加ヘ来レル結果、漸ク奏功シ、結果見ルベキモノアリタル処、最近一般徴用実施セラルル旨発表セラルルヤ、一部知識階層並ビニ有産階級中ニハ逸早ク支那満州国方面ニ逃カイシ、或ハ住居ヲ転々シテ当局ノ住居調査ヲ至難ナラシメ、或ハ急拠徴用除外部門ヘノ就職ヲ企テ一般階層ニ於テモ医師ヲ籠絡仮病入院シ、又態々花柳病ニ罹染シ疾患ノ故ヲ以テ免レント企テ中ニハ自己ニ於テ手、足ニ傷ツケ不具者トナリ忌避セントスル者甚ダシキニ至リテハ労務動員ハ邑面職員乃至警察官ノ専恣ニ因ルモノト曲断シ、之ヲ怨ミ暴行脅迫ノ挙ニ出ズル等ノ事案ハ実ニ枚挙ニイトマナク、最近報告ニ接スル事犯ノミニテモ二十数件ヲ算スル状況ニアリ。殊ニ先般忠清南道ニ発生セル送出督励ニ赴キタル警察官ヲ殺害セル事犯ノ如キハ克ク這間ノ動向ヲ物語ルモノニテ、特ニ最近注目スベキハ集団忌避乃至暴行々為ニシテ、慶尚北道慶山警察署ニ於テ検挙セル不穏企図事件ノ如キハ、徴用忌避ノ為青壮年二十七名ガ決心隊ナル団体ヲ結成シ食料、竹槍、鎌等ノ武器ヲ携行山頂ニ立籠リ、アクマデ目的貫徹ヲ企図シ居リタルモノニシテ先鋭化セル労働階層ノ動向ノ一端ヲ窮知シ得ラル所ナリ。如上ノ如キ情況下ニ於ケル今次ノ緊急大動員ハ実ニ容易ナラザル事ニ属シ、此ノ際警察ニ於ケル濃厚ナル指導取締ノ裏付ヲ為スニアラザレバ所期ノ動員至難ナルノミナラズ、治安上ニ及ボス影響又甚大ナルモノアルニ鑑ミ、指導啓蒙ヲ更ニ強化実施スルト共ニ労務動員ヲ阻害スルガ如キ事案ニ対シテハ厳重取締為シツツアリ。

（『太平洋戦下終末期　朝鮮の治政』八七～八九頁所収）

この朝鮮総督府の説明文を要約すれば、一九四四年度に日本内地など三〇万人、軍要員三万人、朝鮮内七一万三七〇〇人の動員が計画され、さらに日本内地に一〇万人、軍要員五万人の追加動員が指示された。朝鮮現地では忌避行為が増加しているため、警察は座談会などで勤労殉国の精神を注入し、言うことを聞かない者は取り締まった。一般徴用による労務動員が発表されると、満洲などへの逃走、住居変更、徴用除外部門への就職、仮病入院、花柳病罹患、手足への自傷行為などによる忌避が増加した。町村の職員や警察官への暴行・脅迫、集団的忌避行動も発生した。忌避の行動は枚挙にいとまがない。忠南では警察官が殺害され、慶北では決心隊による山頂に立てこもっての拒否行動も起きた。大動員は容易ではなく、警察による指導啓蒙の強化と阻害行動への厳重取締をすすめている。このようになります。

一九四四年度に朝鮮内外への一二〇万人近い動員が計画され、「警察ニ於ル濃厚ナル指導取締」、「労務動員ヲ阻害スルガ如キ事案ニ対シテハ厳重取締」がなされたのです。「勤労殉国」に従わない者に警察は取締を強め、国家の意思を精神と身体に押し込んで動員しようとしたのです。この動きに対抗して慶山では徴用忌避の闘いが取り組まれました（大王山竹槍義挙）。

朝鮮人強制労働を否定する人びとは、自発的な渡航がほとんどであり、強制連行は「プロパガンダ」であると主張していますが、この朝鮮総督府の史料からもその主張の誤りは明らかです。

(6) 金景錫の強制労働体験と闘い

今から三〇年ほど前、一九九一年のことですが、金景錫《キムギョンソク》が日本鋼管に対して謝罪と賠償を求め、訴訟を起こしました。金景錫は慶尚南道の昌寧の出身で、一九二六年生まれです。一九四二年、かれが一六歳の時ですが、兄の代わりに日本鋼管川崎工場に動員されました。日本鋼管は神奈川県の川崎、扇町、鶴見などに工場があり、一九四三年末で、四〇〇〇人の朝鮮人が動員されています。この動員は鉄鋼統制会による官斡旋の動員です。当時、甘言や命令などで日本製鉄など鉄鋼関係の工場ではこのような動員がおこなわれていたのです。

金景錫は川崎の製鋼工場の第二報国寮に入れられ、監視のなか、高温、粉塵のなかでクレーンを操作するなど、昼夜交替の一日一二時間の労働を強いられました。手取りは月一〇円ほどであり、食事は粗末であり、手紙は検閲されました。ある日、金景錫は川崎の書店で会社の労務担当者の講演「半島技能工の育成」という本を見つけ、読みました。そこには動員朝鮮人について「いかにも何か怠惰らしく」、「機能方面が非常に劣るやう」、「非常に鈍重にみえる」などと蔑視する発言が記されていました。動員された朝鮮人は現場で「内鮮一体」が虚言であることを体験していたのですが、労務担当者の差別的観点を知ることになったのです。「半島技能工の育成」には、逃亡すれば「すぐ警察に手配してその取り押へ方を願う」とも記されています。

一九四三年四月、動員された朝鮮人は帰郷や謝罪を求め、ストライキをおこないました。その際、金景錫は首謀者の一人として捕えられ、川崎工場の現場事務所に連行され、天井から吊され、会社の労務や私服警

森首相訪韓に抗議する金景錫、ソウル2000年、『不二越強制連行未払い賃金訴訟報告集』より

官から木刀などで殴打されました。暴行により、右肩を骨折し、右腕を脱臼したのですが、放置されました。約半年後に手術を受けたのですが、後遺症が残りました。四四年に入って帰郷しましたが、その際、強制貯金や退職金、旅費などの支払いはなかったのです。

韓国の民主化のなかで、金景錫は一九八〇年代後半、江原道で太平洋戦争韓国人犠牲者遺族会の活動に参加しました。一九九一年に渡日し、「特高月報」に当時のストライキの記事を発見し、手書きで訴状を作成し、たった一人で訴えたのです。この訴訟にともない支援する会が結成されました。一九九九年、東京高裁の審理段階で金景錫は日本鋼管と和解しました。日本鋼管は金景錫の負傷とその後の労苦に対して「真摯な気持ちを表する」とし、四一〇万円の和解金を支払ったのです。

さらに金景錫は富山県の不二越に連行された被害者会員の裁判を支援し、原告団長となりました。金景錫は一九九三年、富山での「第二の独立運動として」と題した訴えで、日韓請求権協定についてつぎのように話しています。

「当時泣く子も黙る恐ろしいＫＣＩＡの部長である金鍾泌《キムジョンピル》が裏方に回ってやったのであります。国民の権利を盗んでいった。それを日本が安く買い取った。「贓物《ぞうぶつ》（故買）協定」とはまさにこのことであります。泥棒の品を安く買い取った。時の日本政府は、こういうことを平気でやりました。そして今でもこれを振りかざしています」。「当時軍事政権に民事上の委任状を書いた覚えはありません」。「〈日本政府は〉重要な国民の権利を贓物のごとく安い一掴みの金で買い取りました」。「〈日韓協定で完全かつ最終的に解決したという言葉は〉世界に類のない非常に暴力的な言葉です」。

この時、金景錫は一九九二年の富山の不二越への訪問を「火を吐く思いで行きました」と語り、

「第二の独立運動」であると結んでいます。一九九六年の「一〇〇年訴訟を宣言する」では、少女を連行して強制労働をさせた、腐敗した儲け主義と民族差別が亡霊のごとく現われた、その悪徳行為に安らかな眠りはない、反省と謝罪の日まで闘いは続くと語りました。

また、金景錫は自伝「わが人生　わが道」でつぎのように家族について記しています。父が戦時下、治安維持法で何度も拘束された。兄が北炭夕張炭鉱に連行されて解放後に現地で病死したというが、遺骨は未返還である。姉が日本人の面長によって人身御供とされ、大邱の陸軍部隊の将校に差し出され、「人生の華やかなるべき時代を暗黒の世界にさまよった」。「このまま言わなければ一家がどのように破壊されたかわからない」。「日本帝国主義の不法侵略のかげに、このような家族があったことを後世に証言する」。「私は死ぬまで闘います」と。金景錫は二〇〇六年に八〇歳で亡くなりました。

金景錫が言うように、日韓請求権協定は被害者の権利を掠めとる「贓物協定」であり、その協定による解決済み論は、動員被害者にとっては暴力にほかならないのです。この日韓請求権協定という暴力との闘いは、いまも続いています。

金景錫を含め、動員被害者の証言と闘いは、「強制労働はなかった」、「日本人と同じであり差別はなかった」などと語り、戦時の強制労働の歴史を否定する者たちの偽りを照らしだすものです。

梨の木ピースアカデミーでの講演録「朝鮮人強制労働・歴史否定の現状と記憶の継承」（二〇二一年七月一五日）から抄録、加筆。

2　強制動員問題の包括的解決へ

強制動員慰謝料請求権（「徴用工」判決）が、二〇二三年の韓国政府による財団肩代わり策により、日本政府や企業の謝罪や賠償のないままで処理されようとしています。この問題をどう捉え、どう解決すべきでしょうか。

(1)「徴用工」とは何ですか。

日本政府は一九三七年に中国への全面侵略戦争をはじめ、政府内に戦時動員のための企画院を設置しました。一九三八年には国家総動員法を制定し、総力戦体制をすすめました。そのなかで労務統制も強められ、産業報国運動がすすめられたのです。労働者の権利は剥奪され、労働組合は解散を強いられました。

政府は一九三九年に労務動員計画を立て、植民地朝鮮から日本の炭鉱や工場などへの動員をはじめました。政府は企業ごとに動員数を承認し、企業は朝鮮総督府の関与の下で朝鮮人を動員したのです。戦時、植民地では皇民化政策が強められ、天皇に忠誠を尽くす臣民づくりがすすめられました。労務統制での動員の指示や命令は拒否できないものだったのです。

この朝鮮人の動員は一九三九年から四五年にかけて、募集、官斡旋、徴用などの名でおこなわれ、日本への動員数は約八〇万人におよびます。軍務（軍人・軍属）でも三七万人ほどが動員されました。このような戦時の動員を朝鮮人強制連行、あるいは朝鮮人強制動員といいます。その動員現場での労働は、強制労働だったのです。

韓国では一般に募集、官斡旋の動員を含めて徴用と呼んでいましたが、近年は、「強制動員」の呼称が定着しています。最近の日本の報道では、「徴用工」と記されることが多いのですが、強制動員被害者と記すべきです。

(2) 強制動員被害者はどのような活動をしたのですか。

解放後、強制動員被害に対する賠償の要求があり、徴兵や徴用の被害者は太平洋同志会を結成しています。かれらは一九四八年、韓国国会に「対日強制労務者未債金債務履行要求に関する請願」を出しています。韓国政府は一九四九年に「対日賠償請求書」を作成しています。

日韓会談では一九六二年にもたれた被徴用者等関係専門委員会で強制動員の規模などに関する議論がなされました。しかし、この問題は充分に議論されないまま、一九六五年に日韓請求権協定（財産及び請求権に関する問題の解決並びに経済協力に関する日本国と大韓民国との間の協定）が結ばれました。

2020年1月三菱重工業本社前での抗議行動

日本側は経済協力金の支払いをすることで、両国の財産、権利及び利益と請求権が完全かつ最終的に解決されたとし、財産、権利及び利益と「すべての請求権」に関して「いかなる主張もすることができない」という文言を協定書に入れ込んだのです。しかし政府間の協定で被害者個人の請求権そのものを消滅させることはできません。

当時、韓国の朴正熙の独裁政権下、市民の表現の自由や移動の自由は制限されていました。そのため動員被害者や遺族の声は、日本へと充分に伝わることがなかったのです。一九八〇年代に民主化がすすむなかで、被害者や遺族会は活動を再開しました。

一九九〇年代に入ると、日韓の市民交流が拡大し、日本政府や動員企業の強制連行の責任を問う訴訟が始まりました。訴えられた企業には、日本鋼管、日本製鉄、三菱重工業、不二越、東京麻糸紡績などがありました。しかし日本政府や企業は、国家無答責、別会社、時効、除斥、日韓請求権協定で解決済みなど、さまざまな口実で責任を回避しようとしたのです。企業と和解した事例もあったのですが、最高裁では原告の動員被害者が敗訴しました。

韓国の民主化運動では過去清算をめざす運動が高まりました。それは植民地期や冷戦下での国家暴力を問い、歴史を市民の側に取り戻し、被害者の尊厳を回復するという取り組みです。

二〇〇五年には、政府機関として日帝強占下強制動員被害真相糾明委員会が設置されました。この委員会は強制動員の被害者認定をおこない、その数は二〇万人を超えました。また、日韓会談の文書の公開の運動もなされ、韓国では数多くの文書を公開させました。日本でも公開を求める運動がなされました。非公開部分もありますが、かなりの文書を公開させています。

(3) 韓国大法院での強制動員判決の特徴は何ですか。

日本で敗訴したものの、日本製鉄や三菱重工業広島工場などに動員された被害者は新たに韓国内で訴訟を始めました。その訴訟は韓国の地方法院、高等法院で敗訴しましたが、二〇一二年に大法院は高等法院判決を破棄し、差し戻す決定をしたのです。

その決定理由には、日本の判決は、日帝強占期の強制動員自体を不法とみる大韓民国憲法の核心的価値と正面から衝突するものであり、その判決を承認することは大韓民国の善良な風俗やその他社会秩序に違反するとありました。

この判断を受け、一〇代前半で女子勤労挺身隊員として三菱重工業名古屋工場や富山の不二越工場に動員された被害者も韓国内での訴訟に起ち上がったのです。

以後、原告は高等法院で勝訴します。そして、二〇一七年に朴槿恵政権が市民のキャンドル革命で倒され、その後の二〇一八年に日本製鉄、三菱重工業広島、同名古屋への動員被害者に対する大法院判決が出されたというわけです。

この大法院判決は、強制動員を日本の不法な植民地支配や侵略戦争の遂行に直結した日本企業の反人道的不法行為とし、その不法行為に対する強制動員慰謝料請求権を確定させたものでした。判決では、強制動員と強制労働の事実を認定し、日韓請求権協定で解決済みという主張に対しては、その協定は両国の民事的な債権債務関係を解決するものであり、反人道的不法行為に対する請求権は日韓請求権協定の適用対象には含まれないとしたのです。

このように判決は、強制動員被害者の企業に対する強制動員慰謝料請求権を確定し、企業の法的責任を認め、被害者の尊厳の回復をめざすものでした。それは植民地主義の清算を求める国際的な流れを受けての判断であり、歴史的、画期的な判決です。被害者を支えた市民の活動を正義とするものだったのです。

(4) 近年の歴史否定論はどのようなものですか。

日本政府は、一九九五年の村山首相の戦後五〇年談話で侵略と植民地支配への反省とお詫びを述べ、それ以降、朝鮮の植民地支配に対して反省の意を表明するようになりました。一九九八年の日韓パートナーシップ宣言では「植民地支配により多大の損害と苦痛を与えたという歴史的事実を謙虚に受けとめ」、「痛切な反省とお詫び」をすると述べています。植民地支配の下での歴史的事実を認め、その「反省とお詫び」だけは示すようになったのです。

しかし、植民地支配を「不法」と言明してはいません。「反省とお詫び」は言い、歴史教科書に「強制連行」

2019年8月15日、ソウルでの集会で、強制動員被害に対する謝罪と賠償を求める原告。左、日本製鉄に動員された李春植、右、三菱重工業に動員された梁錦徳。

の用語の使用は認めるが、訴訟では強制連行に対する国家責任を認めようとはしなかったのです。

この村山談話のような侵略と植民地支配を認め、反省し詫びるという動きに対し、安倍晋三らの国家主義者は反発しました。安倍は一九九七年、日本の前途と歴史教育を考える若手議員の会の事務局長となり、歴史教科書を攻撃しました。二〇〇六年に首相となると、日本軍「慰安婦」に強制連行を直接示す資料はないなどと強制性を否定しました。ふたたび首相になると、二〇一三年に「慰安婦」に関する河野談話を批判し、靖国神社に参拝したのです。

二〇一五年の安倍首相の戦後七〇年談話は、日ロ戦争が植民地支配下のアジア・アフリカの人びとを勇気づけたとし、朝鮮の植民地支配にはふれないものでした。また同年末、「慰安婦」に関する被害者抜きの日韓合意をおこないました。

また、官邸主導で明治産業革命遺産の登録を推進しました。日本政府は登録に際して「意思に反して連れて来られ、厳しい環境の下で働かされた（forced to work）多くの朝鮮半島出身者等がいた」と発言しました。しかしその後、それは合法であり、国際法での強制労働にはあたらないと補足しました。

このような安倍政権の動きとともに、侵略と植民地支配下での歴史的事実を認める動きを「自虐史観」などと批難する団体や宗教右翼の活動が強まり、街頭ではヘイトスピーチが頻発するようになりました。彼らは「歴史戦」を主張し、南京大虐殺、慰安婦、強制連行、関東大震災での朝鮮人虐殺などでの歴史の事実を否定する活動をすすめています。過去の侵略戦争や朝鮮植民地支配を正当化し、植民地統治や労務動員については合法とするのです。

安倍政権は、二〇一八年の大法院判決に対しても「国際法違反」、「日韓請求権協定で解決済み」と批難しました。自らを被害者とみなし、韓国に経済報復をおこないました。半導体材料の対韓輸出を規制し、韓国への輸出管理での優遇措置（「ホワイト国」指定）を取り消したのです。また企業や経済団体に対して説明会を持ちました。それにより、企業は判決に従わず、原告との協議にも応じない姿勢を示しました。政府が動員被害者と企業との民事訴訟に介入したのです。

このような安倍政権を継承した菅義偉政権は、二〇二一年に強制連行や強制労働の用語を「適切ではない」と閣議決定し、教科書から強制連行、強制労働の用語を削除させるに至りました。

(5) 日本政府の「国際法違反」宣伝のどこが問題ですか。

一九六五年の日韓条約の締結時、日本は植民地統治を合法とする立場であり、請求権協定は経済協力金のなかに徴用に関する未払金等を含めて処理するというものでした。韓国大法院がこの請求権協定を否定しているわけではありません。

大法院は協定を前提に、強制動員を植民地下での反人道的不法行為とし、請求権協定は民事的な債権債務関係を処理したものであって、反人道的不法行為を処理したものではないとしたのです。請求権協定は、反人道的不法行為である強制動員の問題は未解決であると解釈し、判決を下したというわけです。その判決の論理には道理があります。請求権協定違反でも、国際法違反でもないのです。

日本政府は「（すべての請求権に関して）いかなる主張もすることができない」と日韓請求権協定に記し、「日韓請求権協定で解決済み」にしたかったのです。日本政府は個人の請求権自体を消滅させることを狙いましたが、それが理論的にはできないことに気付いていました。個人の請求権を消滅させることはできないわけですから、反人道的不法行為に関する賠償請求権が確定するという余地があったわけです。

戦時の朝鮮人・中国人の連行については、一九九九年に国際労働機関（ＩＬＯ）の条約勧告の適用状況を審査する専門家委員会が強制労働条約（ＩＬＯ二九号条約）に違反するとして認定しています。にもかかわらず、日本政府はそれを受け止めていません。そのような対応こそ国際法に反するものです。

専門家委員会は二〇二四年の報告書でも産業強制労働について取り上げています。そこでは日本政府が生存被害者の要求を解決させるように適切な措置を執ることを求めています。

韓国では民主化がすすむなかで一九八〇年代後半に動員被害者の運動がすすみ、その声を受けて韓国政府は強制動員に関する名簿の提供を日本政府に求めました。その名簿が日本政府から韓国政府に渡されたのは一九九一年のことです。動員被害者の声は一九九〇年代に入っての訴訟や集会で示されました。日本での日本製鉄や三菱重工業の訴訟では強制労働の被害事実が認定されました。韓国政府による強制動員の被害認定も二一世紀に入ってからなされたのです。いまだ被害認定の資料自体が不足し、返還されていない朝鮮人の遺骨もあります。真相の究明、事実の認定、謝罪と賠償、追悼と記憶など、強制動員問題では被害者の尊厳回復にむけて解決すべき課題が多々あるのです。「解決済み」ではありません。

大法院判決以後の日韓関係の「悪化」の原因は、安倍政治が過去の植民地支配を反省せず、この判決を理由に被害者面をし、「ボールは韓国にある」などと対応してきた姿勢にあります。つまり、いまだ克服されない日本の植民地主義に問題の根幹があるのです。

(6) 韓国財団による「肩代わり」とはどのようなものですか。

日本政府は植民地主義に居直り、強制労働を認知しようとしません。被告企業も判決に従おうとせず、原告との協議を拒み続けています。そのため、原告は関連企業の株式や商標権、特許権などを差し押さえ、現金化をしようとしたのです。これに対して日本政府が「現金化は日韓関係を破綻させる」などというなか、韓国政府は関係改善にむけて韓国財団による肩代わり案を用意したのです。

その策の概要は、韓国政府が二〇二三年一月一二日にソウルで開催した強制動員問題解決のための公開討論会で示されました。韓国政府傘下の強制動員被害者支援財団が、原告への債務（賠償）を肩代わりする基金を作り、その後、「日本の誠意ある呼応」を求めるというのです。

報道では、韓国政府による肩代わり解決策の正式決定の後、日本政府はこれまでのような反省とお詫びを示す談話を出し、財団が被告企業への求償権を放棄すれば、日本企業による財団への寄付を容認するとのことでした。

これに対して原告、市民団体は、「加害企業の謝罪や賠償がない」、「日本を免責するもの」、「韓国の主権の放棄、憲法の否定」、「新たな人権侵害」、「被害者よりも加害者を優先する案」、「被害者を制裁するような行為」、「屈辱的解決策」などと強く抗議しました。

この策は、韓国司法が確定した企業に対する強制動員慰謝料請求権を、韓国政府が介入して否定するものです。韓国政府の下の財団による肩代わりでは、被告企業の謝罪や賠償はないものとなります。それは被害者の尊厳を回復するものとはならず、再び侵害することになります。日本政府が植民地統治と徴用を合法とする立場での決着となり、植民地支配とその下での強制労働という過去を清算することにはなりません。それは日本企業による反人道的不法行為への賠償を確定した大法院判決の価値を破壊するものです。

三月六日、韓国政府は強制動員問題解決にむけてこの肩代わり策を正式発表しました。それは、韓国政府傘下の日帝強制動員被害者支援財団が二〇一八年の大法院強制動員判決の原告に、判決金と遅延利子を支給する。その支払いの財源は民間の自発的寄付などで用意するというのです。財団が肩代わりし、第三者弁済による支払いをするわけです。後続措置としては、被害者の苦痛を記憶・継承するための追慕、教育・調査・

研究事業等を推進するとしました。

これに対応して、日本政府は一九九八年一〇月に発表された「日韓共同宣言」を含め、歴史認識に関する歴代内閣の立場を全体として引き継いでいることを確認すると語りました。

この問題をめぐる日韓交渉のなかで、日本側は、日本政府による新たなお詫びは表明しないとし、歴代内閣の歴史認識を引き継ぐ意向を示すという形で決着させたとみられます。ですから、「お詫びと反省」という言葉は示されないままです。

⑺　韓国政府の解決策の問題点は何でしょうか。

韓国政府は日本側の「誠意ある呼応」を呼びかけていますが、被告企業の日本製鉄、三菱重工業からの謝罪も賠償もありません。韓国と日本の財界で青年の交流や留学支援などの未来基金を作る動きも報道されていますが、被害者への賠償ではありません。この解決策に対応し、日本による韓国への半導体材料の輸出規制などの経済制裁の解除はおこなわれました。

現在の日本政府の立場は、日本の朝鮮統治も労務動員も合法であり、その動員は強制労働ではない、だから謝罪も賠償もする必要はない。問題はすでに日韓請求権協定で解決済みであり、大法院判決は認めないというものです。日本政府は強制労働を認知しないのです。ですから、韓国政府が「誠意ある呼応」を求めても、呼応しないのです。

現状では、韓国政府の解決策により、動員した加害企業に対して賠償を求めるのではなく、寄付を乞うような状態になっています。被害回復を訴えた被害者が、関係を悪化させた加害者のように扱われ、老齢の被害者を再び苦しめることになっています。この解決策は被害者の尊厳を再び侵すものであり、撤回すべきです。

もう一つ指摘しておきたいのは、日本側は求償権の放棄を求めてきましたが、韓国側はそれを明示してはいません。肩代わりをするとしていますが、求償権を放棄するには至っていない状態です。そもそも、政府が個人の賠償請求権を本人の同意もなく放棄させることはできないのです。抵抗の刃は残っています。

二〇一五年の安倍談話は、日ロ戦争を賛美し、朝鮮の植民地支配への言及はないものです。自国の侵略と植民地支配に対する認識は示されず、反省やおわびは主体的な文脈では語られていないのです。日本政府のいう歴史認識を「全体として引き継いでいる」とは、この安倍談話や菅政権の閣議決定（強制労働不適切）を含めてのものとみるべきでしょう。ですから、引き継ぐとは言うものの、植民地支配や強制労働への「反省とおわび」については、現時点では公言していないのです。

右派の産経新聞の社説（二〇二三年一月一六日）には、不当な強制労働ではない、請求権協定で解決している、「誠意ある呼応」を求めているが応じてはならない、応じれば自国の歴史に不当な傷を付けることになりかねないとあります。強制労働を否定する歴史認識問題研究会という団体の声明（一月二七日）では、韓国の法秩序を認める行動を取るな、日本による朝鮮統治は合法である、道義的な謝罪と人道的な支援は逆効果を生む、日本企業が出資することは債務を認めることになるから反対する、合法的な雇用であるから道義的にも謝ってはならないと主張しています。

このような右派の考え方を安倍派は持ち、その支援で成立した岸田政権もこれに近い立場をとるわけです。

(8) 解決策への韓国の批判の動きはどうでしょう。

この解決策に対し、「歴史正義と平和な韓日関係のための共同行動」などの市民団体は、日本政府と企業は歴史否定論に執着して謝罪と賠償をせずに韓国の司法主権を無視している。韓国政府はそれを問うことも

역사정의를 위한 시민모금
강제동원 피해자들과 고통을 나누고
역사정의를 지키고
일본이 사죄 배상할 때까지 싸우자
기부 현황
618,586,000원
8509건
2023년 10월 11일 17시 기준
계좌 농협 301-0331-2604-51 사단법인 일제강제동원시민모임
해외 페이팔 paypal.me/v1945815

2023年10月、歴史正義の市民募金は6億ウォンを超えた。

せずに判決を無視して三権分立を否定している。それは被害者の人権を再び踏みにじるものであり、被害者の権利を韓米日の軍事協力のために捨て去る行為である。これは屈辱的解決策であると批判しました。

韓国政府は原告・遺族に対してこの解決策の受け入れを求めました。一五人の原告・遺族のうち一一人が受け入れたのですが、四人は拒否しました。韓国政府は判決で確定した債権の現金化を阻止するために、拒否者の解決金を裁判所に供託しようとしました。しかし、裁判所は被供託者が受け取りを拒否している債権の供託はできないとし、供託を不受理としたのです。

市民団体は受け取りを拒否した四人を支援するために六月末、「歴史正義の市民募金」を開始しました。募金額は八月には五億ウォン（約五〇〇〇万円）を超え、四人の原告・遺族にそれぞれ、賠償金額に相当する一億ウォンを渡しました。募金は一一月末には六億三〇〇〇万ウォンに達しました（目標一〇億ウォン）。

このような動きの中で、韓国大法院は二〇二三年一二月二一日、二八日と強制動員訴訟の判決を出しました。判決は二〇一八年の判決と同様、被害者の企業に対する強制動員慰謝料請求権を認めました。原告（遺族）は三菱重工業二〇人（名古屋六、広島一四）、日本製鉄七人（八幡四、釜石三）、日立造船大阪一人の計二八人です。さらに大法院で二〇二四年一月一一日、日本製鉄八幡一人、一月二五日、不二越の原告二三人の勝訴が続きました。勝訴した原告は五〇人を超えます。

これらの判決で韓国司法での日本企業に対する強制動員慰謝料請求権が再び確定しました。時効の起算点は二〇一八年一〇月の大法院判決の日と判断できる内容です。今後、韓国での強制動員訴訟では動員被害者原告・遺族が勝訴することになります。関連訴訟は約六〇件、約二三〇人といいます。韓国政府の解決策は司法判断に反するものですが、財政的にも破綻することになりま

2023年3月1日、ソウルで3･1集会がもたれた。ポスターに梁錦徳の写真を使用。集会では、戦争犯罪企業を免責させる屈辱外交を中断しろ！韓米日軍事同盟に反対！日本は植民支配に謝罪・賠償しろ！被害生存者の勇気と権利を外交的取引対象にして加害者に免罪符を与えるな！と訴えた。

す。すでに日立造船は二審敗訴後の二〇一九年に相当金額を供託済みでしたが、この供託金は二四年二月に原告の手に渡りました。

ここで、三菱重工業名古屋工場に女子勤労挺身隊員として動員され、原告となった梁錦徳《ヤンクムドク》の韓国外交部長官宛ての手紙を紹介します。韓国政府だけでなく、日本政府と企業は、この思いに応えるべきと思います。

光州に住む梁錦徳です。日本に行ったのは、国民学校六年生の時でした。日本に行ったら中学校に送ってくれるという話で、級長のお前が一番先に行けと言われて、私が行くことになりました。その話は、すべてが嘘でした。死ぬほど働いたのに、お金はただの一銭も貰えませんでした。わたしはあの頃、勤労挺身隊が何なのかも知りませんでした。結婚しても、一日も楽な日はありませんでした。夫は家庭内暴力が激しく、何年も家に帰って来ませんでした。市場へ出かけると人々が、「何人の男を相手にして来たのか」と侮辱します。その間に流した涙は、船を一隻浮かべても余ることでしょう。お金が目的だったら、私はとっくの昔に諦めていたでしょう。私は日本から謝罪を受ける前に、死んでも死に切れません。大法院で勝訴したと聞き、とても喜びました。それなのに、何年経つのでしょう？　韓国政府は何か一言すら言えていません。なぜ、何が怖くて、言葉ひと言、出せないのですか？　三菱が謝罪して、お金も出しなさい。他の人が代わりにくれたら、私はどうなりますか？　日本は梁錦徳を、どれだけ無視するのですか？　もしも他の人がくれるとしたら、絶対に受け取れません。韓国の大統領に、梁錦徳の言葉を必ず伝えて欲しいとお願いします。

（二〇二二年九月一日、光州から、梁錦徳）

⑼　問題解決にあたっての国際的指針がありますか。

二〇〇一年のダーバン会議（人種主義に反対する世界会議）では、植民地支配が人道に対する罪に当たるかが議論されました。その宣言は、奴隷制と奴隷貿易を人道に対する罪と認め、植民地主義については、植民地主義が起きたところはどこであれ、いつであれ、批難され、その再発は防止されねばならないとされました。人道に対する罪と明記することはできなかったものの、人種差別と植民地主義の克服は国際社会の歴史的課題となったのです。

また、被害者の救済については二〇〇五年末、国際連合の総会が「重大な国際人権法、国際人道法違反の被害者の救済と賠償に関する権利の基本原則とガイドライン」を採択しています。

そこで、重大な人権侵害の被害者は真実、正義、賠償、再発防止を求める権利を持つとされました。被害者の権利として、具体的には、持続的な侵害の中断、真実の公開、行方不明の被害者の所在の把握、遺体の調査と発掘、被害者の文化的習慣による葬儀、被害者の尊厳・名誉・権利回復のための公的宣言や司法の判決、事実認定と責任ある公的謝罪、責任者への処罰、被害者への祈念と追悼、各種教育での正確な記載などがあげられています。

国際社会は、重大な人権侵害に対しては、被害者は実効性のある救済を受ける権利があるとしているのです。強制動員被害者の救済についても、金銭による賠償だけでなく、真相の究明、加害行為への責任の認定、公式の謝罪などがなされるべきです。それによって真実と正義が実現されるのです。

植民地主義の清算や重大な人権侵害被害者の救済を重視する国際的な流れのなかで、韓国大法院の強制動員判決が出され、企業に対する動員被害者の強制動員慰謝料請求権が確定されたのです。日本政府と企業はこのような植民地主義の清算と被害者救済の権利について理解すべきでしょう。韓国政府の肩代わり案は被害者を救済するものでも、真実と正義を実現させるものでもないと思います。

⑽ 強制動員問題解決の課題をあげてください。

まず、韓国政府は日本政府に強制労働の認知を求めるべきです。日本政府が強制労働を認めなければ、問題は解決できないのです。強制労働の認知をめぐって、今後も議論が続くでしょう。日本政府に強制労働を認知させる、そのような政権を作ることが、日本の市民の課題です。

日本での日本製鉄や三菱重工業に対する判決でも強制労働は事実認定されています。ＩＬＯも戦時の動員を強制労働条約違反と認定しています。強制労働の事実を認めれば、当然、謝り、償うということになります。今回の肩代わり案により個人の賠償請求権を奪うことはできません。強制労働の歴史をふまえ、被告企業は原告と協議する場を持つべきです。また、強制動員被害の包括的解決にむけ、日韓政府と関係企業は協議すべきでしょう。

韓国の大法院判決は、日本の植民地統治を不法とみなし、強制動員をその下での反人道的不法行為とし、慰謝料請求権を認めたわけです。強制労働問題は植民地主義を問うものです。韓国政府の解決案は強制動員問題を解決できないだけでなく、植民地主義を克服する契機を奪うものです。植民地での統治では朝鮮人を使って朝鮮人を支配させました。それは形を変えて今もなされています。そのような現実を変えるべきです。

今回の解決案の提示には、軍事状況をめぐるアメリカの国家意思があります。かつての一九六五年の日韓協定の際もベトナム戦争の激化の中、戦時動員被害者の尊厳回復のないまま、アメリカの軍事的利益のために日韓関係を安定化させようとする国家意思がありました。日韓条約と韓国のベトナム派兵は一体の関係にあったのです。

この問題では、日本政府は被害者の尊厳回復を前提とした解決をめざし、植民地支配と強制動員の歴史的責任をとるという立場を示すべきなのです。口先の「反省とお詫び」では足りません。植民地支配の不法性という歴史認識が問われているのです。

繰り返しますが、日本政府と企業は強制動員の事実を認知し、謝罪と賠償の姿勢を示すべきです。また、関係企業は動員被害者の尊厳回復にむけて被害者との協議の場を持ち、その場を日韓両政府は支えるべきです。そして、原告の被害救済とは別に、日韓政府、日韓関係企業は強制動員被害の包括的な解決にむけて協議体を設置し、救済基金設置などを協議すべきです。強制動員に関わった企業は三〇〇社ほどが存続しています。強制動員被害の包括的解決を契機に、真の日韓の友好を築くべきと思います。

日本政府による強制労働の否認はいまも動員被害者の人権を侵害しています。史料の公開も真相の究明も不十分であり、返還されていない遺骨もあります。強制連行・強制労働の事実は歴史教科書から消されたままです。強制動員犠牲者を追悼する政府の施設はありません。「平和の少女像」の展示が妨害されるなど表現の自由も侵害されています。歴史否定論は野放しであり、ヘイトクライムが発生しているのが現状です。

政府による強制労働の認知、真相の究明、遺骨の返還、教科書での記述の復活、公的施設での追悼、歴史否定論やヘイトクライムの克服、これらに取り組むことが、被害者の尊厳回復につながり、植民地主義の克服ともなります。それは戦争被害を防止することでもあるのです。

現在、日本政府は過去の植民地支配での強制労働を認知せず、日本国憲法を無視して「敵基地攻撃」を語っています。日本の責任を肩代わりしようとする韓国政府案は、韓国憲法を規範とする韓国司法の判決を否認するものです。共に被害者の尊厳回復を無視する対応です。憲法と被害者の尊厳の無視は、あらたな派兵、戦争の導火線となりかねません。それは人権と平和の形成に反するものであると思います。

朝鮮の分断線や台湾海峡をめぐって同じ民族どうしを、アジアの民族どうしを殺し合わせることで、利益を得る者がいるのです。戦争被害者の救済、尊厳の回復がなされないということは、戦争により、再びあらたな被害者が生まれるということです。戦争被害者の尊厳回復は、戦争抑止の力でもあると考えます。

「強制動員問題の解決のために」(『反天ジャーナル』二〇二三年二月)、「強制動員問題の包括的解決のために」(『科学的社会主義』三〇〇号・二〇二三年四月)、「強制動員(徴用工)問題の現在」(『外国人・民族的マイノリティ人権白書』二〇二四年)から構成。

3　韓国訴訟原告の家族・遺族の声を聞く

二〇二四年三月二五日、「強制動員問題の解決を!韓国原告の家族・遺族の声を聞く集い」が東京の衆議院会館で開催されました。集会には、強制動員訴訟の日本製鉄原告の李春植《イチュンシク》の長女の李杲暉《イゴウン》、三菱重工名古屋原告の梁錦徳の長男の朴相雲《パクサンウン》、三菱重工広島の故・鄭昌喜《チョンチャンフィ》の三男の鄭鐘建《チョンジョンゴン》が参加し、想いを語りました。

集会の前、原告の家族・遺族は日本製鉄、三菱重工業に出向き、面会を求めました。しかし、日本製鉄と三菱重工業は面会を拒否し、文書を受け取ることも拒否しました。これまで日本製鉄は協議を拒み続けています。「担当者がいないから文書は受け取らない。」「置いていっても受け取るかは分らない」というのです。三菱は原告が来た時には話を聞いたのですが、今回は、この問題は国と国とのものであるとし、すでに解決済みという日本政府の主張に沿って対応し、面会の拒否に転じました。原告の家族・遺族は不二越前での抗議行動にも参加しましたが、不二越は汐留住友ビルの前に警備員を置き、なかに入れようとしません。

会わない、受け取らない、反省を示さないという対応に、原告の家族・遺族は「対等に扱われていない。

日本製鉄前で面会を求める原告の家族・遺族

建物は父の血と涙で染まっている。出てきて受け取るべき。」（李杲暉）、「謝罪も賠償もなく、未払いのまま、判決にも従わない。許せない。」（鄭鐘建）、「（原告が）亡くなっても、最後まで闘う。謝罪と賠償を。」（朴相雲）と怒りの声をあげました。日本政府の請求権協定解釈とそれに追随する企業の行為は、原告の家族・遺族だけでなく、正義を求める人びとの尊厳を侵すものであり、韓国司法の判決をも否認するものです。その解釈がいまも国家暴力となって人びとの存在を打ち続けるという状況です。人びとの怒りの声が雨天の東京駅周辺のビルの谷間に響きました。

この日の集会で、李杲暉は、父は一〇三歳で今も元気ですが、判決後六年が経ちます。今日、日鉄に行ったのですが、大きな建物のなかにいるのに会おうともせず、書類も受けとらないという、とても卑怯な対応でした。日鉄が直接、謝罪、賠償をおこなうべきです。父は歴史を生き抜いた証人です。韓国政府の第三者弁済は強制動員被害者を無視し、勝ち取った権利を否定するものです。それは認められませんと語りました。

鄭鐘建は、父は三菱の広島工場に連行され、被爆しました。韓国で被爆者の被害者運動をおこない、二〇一二年に亡くなりました。第三者弁済は加害者の三菱が責任を認めないものであり、受け取れません。父がどのような人生を送ったのかをよく知っていいます。お金よりも強制動員被害を認め、真の謝罪することが必要と話しました。

朴相雲は、今日は三菱に門前払いされました。なぜこのような扱いをするのでしょうか。三菱の勤労挺身隊に連行された母は日本政府と三菱の真摯な謝罪と賠償を求めてきました。第三者弁済に対しては、母は「飢えても死んでも物乞いのような金は受け取らない」と言っています。汚れた金は受け取れませんと語りました。

原告の代理人の林宰成《イムジェソン》弁護士は韓国での強制動員訴訟の現状をつぎのように話しました。

韓国大法院は二〇二三年一二月から二四年一月にかけて三菱重工業三件二〇人、日本製鉄二件八人、不二越三件二三人、日立造船一件一人の判決を出しました。判決は二〇一八年判決を再確認し、消滅時効の起算時点を二〇一八年判決以後としました。この判決についても韓国政府は第三者弁済をすすめるとしますが、財源が足りず、第三者弁済の説明はするものの実際には弁済をおこないえていません。

韓国政府は二〇二三年七月に第三者弁済に反対する者の債権を消滅させることを狙い、一方的に供託を実行しようとしました。しかし地方法院は「加害企業に免罪符を与えることになる」、「慰謝料という顕著な制裁的機能が完全に没却される懸念」、「事実上の債務免除や免責のような結果をもたらす」などの理由をあげ、供託を認めていません。債権者の同意のなき供託は違法と判断したのです。今後、大法院が同様の判断をすれば韓国政府の解決策は破綻することになります。

二〇一八年判決以後、当該企業である三菱の特許権、商標権、日鉄のＰＮＲ（日鉄とポスコの合弁会社）株式の売却については審理が続いています。大法院の売却決定が出れば、競売の手続きがなされることになります。日立造船の場合、自発的な賠償ではなく、例外的な担保供託によるものです。強制動員被害者の抵抗は、大法院判決の効力を維持させています（以上、要約）。

集会では最後に、日帝強制動員市民の会の李国彦《イグクオン》が、生存者は九〇〇人程に減少し、生存の限界状況にあるから、早く解決すべきです。名古屋の演劇（鳳仙花）の光州公演を見て、真実は人の心を鳴らすものであると感じました。壁を越え、真実と平和に向けての活動をすすめようと語りました。民族問題研究所の金英丸《キムヨンファン》は、原告が政府の解決策を拒否するのは大変な状況であるが、拒否しています。第三者弁済を拒否す

る原告が人権と平和の運動の最前線で闘っている状況と報告しました。

今回の原告の家族・遺族の来日は、当該企業の関係者と会い、判決の履行にむけて協議することが目的でした。しかし、三菱と日鉄は会うことも文書を受け取ることも拒否しました。また外務省も面会を拒否しました。そのような対応は、原告の家族・遺族に日本政府と企業による強制労働否定の姿を実感させるものとなり、抵抗への決意をより強めることになりました。尊厳回復に向けて闘いつづけた親の意思は次の世代に継承されています。強制動員問題は過去の歴史問題ではなく、現在の解決すべき課題です。

（二〇二四年三月調査）

おわりに

歴史や平和への関心

わたしは一九五七年に静岡県浜松市で生まれました。生まれる前のことですが、戦時に浜松は陸軍航空爆撃隊の拠点であり、軍需工場もあり、米軍による空襲を何度も受けました。

母の父は一九四二年にフィリピンに補充兵として動員され、母が一〇歳の時、四五年五月にミンダナオで、三六歳で戦死しました。幼くして父を亡くした母の悲しみは深いものでした。

父は四五年に北海道に兵士として動員されましたが、生還できました。父は近年、九三歳で亡くなりましたが、動員されるときに植えた栗の木はいまもあります。父母は民芸を通じて柳宗悦に敬意を持っていました。父や母からは愛情、寛容、探究心をえたと思います。

中島飛行機掛川地下工場フィールドワーク、2015 年

幼いころから、地域や親族の戦争の体験を聞く機会がありました。わたしは歴史の本の好きな少年でした。一〇代なかば、ベトナム反戦運動が高まったころですが、さまざまな人権や平和の表現に出会いました。新聞記事ではベトナム戦争の実態が批判的に報道され、歌からオハイオの大学での反戦運動への弾圧やサッコとヴァンゼッティの復権の動きなどを知りました。

コリアとの出会い

強制動員真相究明ネットワーク結成、東京、2005年

一九七〇年代後半、大学では日本史を専攻しました。アジアに関心があり、中国語を第二外国語で学びました。学内で在日韓国人政治犯救援運動がはじまり、その動きを知るなかで、韓国の歴史を学びました。朝鮮語も少し学びました。

卒業して、一九八〇年にわたしは高校の社会科の教員になったのですが、その年に光州事件が起きました。韓国での民主化運動の動きはわたしの歴史認識に大きな影響を与えました。指紋押捺拒否の市民運動も始まりました。八二年には日本の侵略が進出と書き換えられる教科書検定問題が起きました。それに対し、中国や韓国では侵略の歴史を提示する動きがすすみました。歴史を教育するにあたり、考えざるをえない問題でした。これらの動きは侵略と植民地支配、平和と人権の内実を問うものでした。

静岡での朝鮮人労働の調査

一九八〇年代の後半ですが、近くの掛川市に中島飛行機の地下工場の跡が残っていたので、その歴史を調査しました。また県内の朝鮮人強制連行の跡地を歩きました。天皇代替りで民主主義と戦争責任が問われたころです。

一九九〇年代に入ると韓国での民主化によって強制動員された被害者の声が示されるようになりました。動員名簿の発掘もすすみ、友人らと強制連行を記録する会をつくり、フィールドワークを企画しました。東京麻糸紡績沼津工場への朝鮮女子勤労挺身隊訴訟の支援もしました。

強制連行の調査団体の全国交流集会に参加し、その交流のなかで、動員先の地図の作成をはじめました。朝鮮人強制連行真相調査団が発行した調査シリーズ、中部・東海編の作成にも関わりました。

問題解決を訴える強制動員被害者、ソウル2019年8月

強制労働調査の成果

韓国では、二〇〇四年に日帝強占下強制動員被害真相糾明委員会が設立され、真相調査と被害者への支援活動がすすみました。それに応えて、二〇〇五年に日本で強制動員真相ネットワークが設立され、参加しました。

真相究明の基礎資料として、全国の朝鮮人の動員先、全国の動員先の地図、連行期の死亡者名簿などをまとめ、二〇〇七年に『戦時朝鮮人強制労働調査資料集』を出しました。真相究明のなかで明らかになった動員名簿、遺骨状況、未払金一覧については、二〇一二年に同資料集2の形でまとめました。

また、全国各地の炭鉱、鉱山、財閥、発電工事、軍事基地建設、工場、港湾などの調査を、二〇一三年から一五年にかけて『調査・朝鮮人強制労働』四巻にまとめました。日本の産業革命遺産と戦時の強制労働については、『明治日本の産業革命遺産・強制労働Q＆A』の形で二〇一八年に出しました。

強制動員問題の解決へ

二〇一八年一〇月末の韓国大法院による強制動員判決に対し、安倍政権は抗議し、判決を否認、経済報復をおこないました。植民地主義は継続しています。このような姿勢は、韓国内でNO！安倍の市民行動を生みました。

問題解決に向けて、まず日本が植民地責任をとることです。韓国の司法判断への批判を止め、植民地支配の不法性を認め、その下での強制動員（強制労働）の事実を認知すべきです。日本政府は企業と原告との協議を妨害してはなりません。

強制動員に関わり、その歴史を継承する日本企業は、その事実を認知し、日韓政府とともに解決に向けて、共同の作業を始めるべきです。企業は被害者への賠償に応じ、和解をすすめるときです。その包括的解決に向けて、日韓共同で財団・賠償基金を設立することが求められます。

植民地責任をとろうとする真摯な取り組みが、信頼を生み、北東アジアの平和と人権への構築の基礎となります。真相が究明され、被害者の尊厳が回復され、正しく歴史が継承されることで、解決がすすむのです。

2016年6月、浜松

私の好きなもの

歴史を話すより、歌が好きです。商品化されたポップな歌よりも荒削りな弾き語り風の歌が好みです。金《キム》敏基《ミンギ》や安致煥《アンチファン》、コッタジの歌などをよく聞きました。最近の「3・4・5・6」も、歴史の表現の基底にある思いを歌っていると思います。吟遊詩人のように表現する力がほしいです。

戦争は一時、文化は永遠です。大陸からの渡来と戦乱の時があっても、渡来の絵画や学問は日本の文化の基調となりました。秀吉の朝鮮侵略と連行の時を超え、磁器は日本の生活文化となりました。朝鮮通信使の伝えた文化も日本の歴史の一部です。浜松では、地域の在日の友人と「日韓文化講座」を開き、テーマを設定し、話しあっています。

大法院判決は戦争の時代の強制労働をどう解決するのかを問いかけるものだと思います。その問いの解決に向け、新たな平和をめざし、歩む人たちの姿が好きです。

初出「朝鮮人強制労働の調査と韓国の徴用工判決」『アリラン通信』六三号、アリラン文化センター
二〇一九年、抄録・加筆

主な参考文献（文中に明記したものは除く）

日本鉱山協会「半島人労務者ニ関スル調査報告」一九四〇年、朴慶植編『朝鮮問題資料叢書二』三一書房一九八一年

「労務動員計画に基く内地移住朝鮮人労働者の動向に関する調査」『思想月報』七九 司法省刑事局一九四一年

『写真週報』一七八号、内閣情報局一九四一年七月二三日

樺太庁警察部「警察公報」五五一号一九四一年一二月、長澤秀編『戦前朝鮮人関係警察資料集 樺太庁警察部文書Ⅲ』緑蔭書房二〇〇六年

中央協和会「移入朝鮮人労務者状況調」一九四二年、『協和事業関係』保安課一九四四年、国立国会図書館憲政資料室蔵

佐渡鉱業所「半島労務管理ニ付テ」一九四三年六月、長澤秀編『戦時下朝鮮人中国人聯合軍俘虜強制連行資料集Ⅱ』緑蔭書房一九九二年

「労務動員関係朝鮮人移住状況調」一九四三年末現在、『種村氏警察参考資料第一一〇集』アジア歴史資料センター蔵

「昭和十九年度新規移入朝鮮人労務者事業場別数調」一九四四年度予定数、『種村氏警察参考資料第九八集』同蔵

福岡県特別高等課「労務動員計画ニ依ル移入労務者事業場別調査表」一九四四年一月末、『県政重要事項』福岡県一九四四年七月、福岡県立公文書館蔵

朝鮮総督府「第八十五回帝国議会説明資料」一九四四年八月、近藤釼一編『太平洋戦下終末期 朝鮮の治政』朝鮮史料編纂会一九六一年

「三菱第一相愛寮 煙草配給台帳」、「三菱第三相愛寮 煙草配給台帳」、「三菱第四相愛寮 煙草配給台帳」一九四四年

～四六年、佐渡博物館蔵
長野県警察部「帰鮮関係編纂」「内鮮調査報告書類編冊」一九四五年、米国議会図書館蔵
厚生省勤労局「朝鮮人労務者に関する調査」長崎県分一九四六年
平井栄一『佐渡鉱山史』太平鉱業（株）佐渡鉱業所一九五〇年
『経済協力韓国一〇五労働省調査 朝鮮人に対する賃金未払債務調』大蔵省一九五三年、国立公文書館蔵
『日韓国交正常化交渉の記録 第二編手記・座談会』外務省蔵
「渋谷政治聞き取り資料」本間寅雄聞き取りテープ一九七三年、七九年
「杉本奏二手記（書簡）」本間寅雄宛私信一九七四年
長崎在日朝鮮人の人権を守る会『原爆と朝鮮人』一～七 一九八二年～二〇一四年
同会『軍艦島に耳を澄ませば』社会評論社二〇一一年
三菱鉱業セメント高島炭礦史編纂委員会『高島炭礦史』三菱鉱業セメント一九八九年
前川雅夫編『炭坑誌 長崎県石炭史年表』葦書房一九九〇年
林えいだい『死者への手紙』明石書店一九九二年
同『筑豊・軍艦島 朝鮮人強制連行、その後』弦書房二〇一〇年
『金順吉裁判資料集』一～三 金順吉裁判を支援する会一九九二年・九三年
NHK新潟放送局『五〇年目の真実 佐渡金山「強制連行」の傷あと』一九九二年放映
張明秀「五〇年待った夫は日本で結婚していた 佐渡連行の朝鮮人とその家族の傷跡」『月刊Asahi』朝日新聞社一九九二年九月
『訴えられる日本鋼管』金景錫さんの日本鋼管訴訟を支える会一九九三年

松坂英明・つね子『娘松坂慶子への「遺言」』光文社一九九三年
過去・未来 佐渡と朝鮮をつなぐ会「佐渡金山・朝鮮人強制連行問題の調査活動とこれからの活動」『まなぶ』四五七 労働大学出版センター一九九六年一〇月
青木孝寿『松代大本営　歴史の証言（改訂版）』新日本出版社一九九七年
百萬人の身世打鈴編集委員会『百萬人の身世打鈴』東方出版一九九九年
広瀬貞三「佐渡鉱山と朝鮮人労働者（一九三九～一九四五）」『新潟国際情報大学情報文化学部紀要』三　二〇〇〇年
『不二越強制連行未払い賃金訴訟報告集』太平洋戦争韓国人犠牲者遺族会二〇〇一年
レスター・テニー『バターン 遠い道のりのさきに』梨の木舎二〇〇三年
何天義編『二戦擄日中国労工口述史二　血洒九州島』齊魯書社二〇〇五年
原山茂夫『松代大本営工事労働　その全貌と本質を共に究めるために』二〇〇六年
日帝強占下強制動員被害真相糾明委員会『残酷な別れ　サハリン二重徴用口述集』二〇〇七年（日本語訳二〇二四年）
阿部浩己『国際法の暴力を超えて』岩波書店二〇一〇年
対日抗争期強制動員被害調査及び国外強制動員犠牲者等支援委員会『端島炭鉱での強制動員朝鮮人死亡者実態調査』二〇一二年（日本語訳二〇二〇年）
佐倉由美子、常井宏平、長谷川大『負の世界遺産』洋泉社二〇一三年
「記憶 反省そして友好」の追悼碑を守る会『群馬における朝鮮人強制連行と強制労働』二〇一四年
同会『群馬の森・朝鮮人追悼碑存続のために』二〇二二年
笹本妙子「福岡第一四分所（長崎市幸町）」二〇一四年、ＰＯＷ研究会ウェブサイト
『明治日本の産業革命遺産と萩』萩博物館二〇一五年

太田修『日韓交渉　請求権問題の研究』（新装改版）クレイン二〇一五年
吉澤文寿編『五〇年目の日韓つながり直し』社会評論社二〇一六年
内閣官房『明治日本の産業革命遺産 製鉄・製鋼、造船、石炭産業 世界遺産推薦書ダイジェスト版』二〇一六年
『天理・柳本飛行場跡説明板再設置運動資料集』天理・柳本飛行場跡の説明板撤去について考える会二〇一七年
川瀬俊治『日韓共同で取り組んだ歴史説明板同時設置の記録』同会二〇一九年
上山和雄「米国議会図書館に遺された接収文書」『国学院大学大学院紀要』二〇一七年
「明治日本の産業革命遺産」インタープリテーション更新に係る調査研究」二〇一八年度調査（情報公開資料）
『解放七四年、強制動員問題の過去、現在、未来』国際会議資料集、強制動員問題解決と対日過去清算のための共同行動（韓国）二〇一九年
『日韓ニューライトの「歴史否定」を検証する』近現代史記念館日韓共同シンポジウム資料集（韓国）二〇一九年
日帝強制動員被害者支援財団『日本の炭鉱・鉱山に於ける朝鮮人強制動員の実態　高島炭鉱を中心に』二〇一九年（日本語訳二〇二三年）
同　『日本地域の炭鉱鉱山における朝鮮人強制動員の実態　三菱鉱業（株）佐渡鉱山を中心に』二〇一九年（日本語訳二〇二一年）
NHK福岡放送局『実感ドドド！追憶の島　ゆれる「歴史継承」』二〇二〇年一〇月
崔璋燮「自叙録」（日本語訳二〇二〇年）
前川喜平『権力は腐敗する』毎日新聞出版二〇二一年
高橋哲哉「終わりなき戦争責任」『世界』岩波書店　二〇二一年九月・一一月
『消えていく声　石炭と鉄の隠された歴史、そして被害者の話』（企画・民族問題研究所）日帝強制動員被害者支援

財団二〇二二年
『データで見る軍艦島の真実と事実』https://www.youtube.com/watch?v=fF87GBdJv8I 「一九四五年への道」ウェブサイト
金昌禄『韓国大法院強制動員判決、核心は「不法強占」である』二〇〇二年（日本語訳二〇二三年）
『歴史の真実を見つめて』（第三版二刷）松代大本営追悼碑を守る会二〇二三年
藤井正希『検証・群馬の森朝鮮人追悼碑裁判』雄山閣二〇二三年
『日本産業遺産と消える声　記憶・人権・連帯』国際学術会議資料集　東北アジア歴史財団（韓国）二〇二三年
Center for Research Allied POWS Under the Japanese（日本軍政下の連合軍捕虜研究センター）http://www.mansell.com/pow-index.html
強制動員真相究明ネットワーク『第九回強制動員真相究明全国研究集会資料集・愛知』二〇一六年
同『第一〇回強制動員真相究明全国研究集会報告集・松本』二〇一七年
同『第一一回強制動員真相究明全国研究集会資料集・沖縄』二〇一八年
同『「明治日本の産業革命遺産」と強制労働』長崎集会資料集二〇一八年
同『第一二回強制動員真相究明全国研究集会資料集・高崎』二〇一九年
同『明治産業革命遺産における強制動員の歴史を伝える』資料集二〇二〇年
同『第一三回強制動員真相究明全国研究集会資料集・富山』二〇二一年
同『明治産業革命遺産の展示を問う！シンポジウム』資料集二〇二一年
同『問われる産業遺産情報センター』資料集二〇二一年
同『第一四回強制動員真相究明全国研究集会資料集・新潟』二〇二二年

同　『第一五回強制動員真相究明全国研究集会資料集・栃木』二〇二三年
強制動員真相究明ネットワーク・民族問題研究所『「明治日本の産業革命遺産」と強制労働』二〇一七年
同　『佐渡鉱山・朝鮮人強制労働』二〇二二年
竹内「「強制労働はなかった」・歴史否定のトリック」ＲＡＩＫ通信一七八号二〇二〇年六月
同　「軍艦島・否定できない強制労働の歴史」『世界』二〇二〇年九月
同　『長崎県・朝鮮人強制労働　その歴史否定を問う』岡まさはる記念長崎平和資料館二〇二一年
同　「佐渡鉱山・朝鮮人強制労働、その否定論を問う」ＲＡＩＫ通信一八八号二〇二二年二月

著者紹介

竹内康人（たけうち　やすと）

1957 年生、静岡県浜松市出身、歴史研究。
著書に『戦時朝鮮人強制労働調査資料集・増補改訂版』（神戸学生青年センター出版部）、『調査・朝鮮人強制労働』全 4 巻（社会評論社）、『明治日本の産業革命遺産・強制労働Q＆A』（社会評論社）、『韓国徴用工裁判とは何か』（岩波書店）、『佐渡鉱山と朝鮮人労働』（岩波書店）など。

連絡先　paco.yat@poem.ocn.ne.jp

朝鮮人強制労働の歴史否定を問う

軍艦島・佐渡・追悼碑・徴用工

2024 年 6 月 10 日初版第 1 刷発行
著　者／竹内康人
発行者／松田健二
発行所／株式会社 社会評論社
〒 113–0033　東京都文京区本郷 2-3-10　お茶の水ビル
電話　03（3814）3861　FAX　03（3818）2808
印刷製本／倉敷印刷株式会社

感想・ご意見お寄せ下さい　book@shahyo.com